AF189652

Sagenhafter Brocken

Mit der Brockenbahn von

Wernigerode zum Gipfel

neu aufgeschrieben von Carsten Kiehne

Bibliografische Information der Deutschen Nationalbibliothek:

Die Deutsche Nationalbibliothek verzeichnet diese Publikation in der Deutschen Nationalbibliografie; detaillierte bibliografische Daten sind über dnb.d-nb.de abrufbar.

Impressum

Texte: © Copyright by Carsten Kiehne
Fotos: © Copyright by Carsten Kiehne

Seitenzahlgrafik & Logo "Sagenhafter Harz": http://jellygrafix.de/

Veröffentlichung: Oktober 2017, 1. Aufl.
ISBN   978-3-744898102

Herstellung & Verlag: BoD – Books on Demand, Norderstedt

Verlag: Selbstverlag SAGENHAFTER HARZ
                Grünstr. 20, 06485 Bad Suderode

                www.sagenhafter-harz.com
                www.reiki-im-harz.de
                carsten.kiehne@gmx.net

Inhaltsverzeichnis

Einleitung

Der sagenhafte Brocken oder Blocksberg, lockt heute jährlich mehrere Millionen Besucher an. Doch zog er die Menschen seit jeher in seinen Bann, ganz gleich, ob sie aus der Ferne ängstlich zum Gipfel sahen und sich fragten, ob die Götter ihnen wohl heute gewogen bleiben würden; oder ob man selbst zum Gipfelstürmer wie Heinrich Heine werden wollte, um welchem Gott auch immer nah zu sein:

Auf die Berge will ich steigen, wo die frommen Hütten stehen, wo die Brust sich frei erschließet und die freien Lüfte wehen. Auf die Berge will ich steigen, wo die dunklen Tannen ragen, Bäche rauschen, Vögel singen und die stolzen Wolken jagen.
(aufgeschrieben von Heinrich Heine, Harzreise)

Seit 1898 aber braucht man nicht einmal mehr einen Fuß vor den anderen zu setzen, um von der wunderschönen Fachwerkstadt Wernigerode auf den höchsten Berg Norddeutschlands, der zugleich der windigste und nebligste Punkt Deutschlands ist, zu gelangen. Die Brockenbahn schnauft durch die engen und dunklen Täler, an den schroffen Klippen vorüber und die Berge hinauf und fast meint man, wenn man dem schwarzen Dampfross lauscht, es sänge sein schweres Lied: „Ich schaff es nicht – ich schaff es nicht – im Schweiß von meinem Angesicht – wie oft ich diesen Berg hochkroch – ein bisschen noch – ich schaff es doch!"

Was die wenigsten Besucher ahnen, ist, dass sie durch eine der sagenreichsten Regionen unseres schönen Landes fahren oder wandern. Hier hat jeder Felsen und jedes Tal seine geheimnisvollen Geschichten zu erzählen, die voll sind von alten Zauberritualen, Lebensweisheiten und Rechtsbräuchen unserer Vorfahren. Nicht selten verdeutlichen die Sagen die Kraft eines mystischen Ortes, die wir selbst heute noch deutlich spüren können, vorausgesetzt natürlich, wir nehmen uns die Zeit zum Verweilen, uns in die Erzählungen hineinzuträumen und zu lauschen, was die Vögel, der Wind, die Quellen und Felsen uns von den alten Tagen berichten.

Auch wenn die meisten Sagen einen tieferen, wahren Kern haben, dürfen wir sie freilich nicht todernst nehmen. In Zeiten, in denen die Abstinenz von Fernsehen und W-LAN den Menschen noch keine körperlichen Schmerzen bereitete, dienten solche Erzählungen u.a. zur Unterhaltung der einfachen Leute, die - am knisternden Feuer unter freiem Himmel sitzend - sich Naturerscheinungen zu erklären versuchten, Wissen und Warnungen weitergeben oder einfach auch nur belustigt werden wollten. – Heute bedarf es zum Glück keiner Warnungen mehr, wenn man von Wernigerode zum Brocken reisen möchte. Vor einigen hundert Jahren, als rotgewandete Raubritter noch die Umlande unsicher machten, hieß es: „Ik warne dik vor de Roden", woraus sich dann der Name „Wernigerode" hergeleitet haben soll. Heute bleibt mir nur übrig, Ihnen gutes Wetter, Wegeglück & wunderbare Aussichten zu wünschen. So denn: *Glück auf & sagenhafte Momente!*

1. Teufel & Brunnenbauer

*G*raf Christian beschloss eines Tages, eine Wasserleitung zu seinem Schloss legen zu lassen. Zu beschwerlich war für seine Knechtschaft das Hinaufrollen und Schleppen der Fässer bis zur Feste, vor allem in allzu kalten Wintern. Damals lebte in Wernigerode der Brunnenbauer Wittneben, der den Auftrag bekam, die Leitungen zu legen. Ein guter Lohn winke ihm, wenn er es vollbringen würde. Wenn er aber scheitere, könne er sich doch getrost eine andere Heimat suchen. Was sollte der Brunner tun? Er musste dieses Wagnis eingehen, doch überall wo er grub, stieß er auf hartes Gestein. In seiner Verzweiflung ging er zu einer bekannten Wernigeröder Wahrsagerin, die ihm verhieß, er würde scheitern, wenn er nicht den Teufel zur Mithilfe bewegen würde. „Der Teufel? Der will für seine Hilfe doch sicher meine Seele!" Sie gab ihm recht, lachte aber und flüsterte ihm ins Ohr, wie Urian zu nasführen wäre. Zum Abschied rief sie ihm nach: „Vergiss nicht, der Teufel ist dumm und wir Harzer sind schlau!"

Zur selben Nacht bestieg der Brunnenbauer den Brocken, rief nach dem Teufel, der auch gleich kam und dem Menschen tatsächlich seine Hilfe zusagte, bekäme er nur die Seele. „Erst will ich die vollendete Arbeit sehen, dann siehst du deinen Lohn", sagte Wittneben entschlossen. Damit war der Gehörnte zufrieden, zog mit seinen Höllengehilfen nach Wernigerode und vollbrachte das Gewünschte leicht. „So, das Werk ist vollbracht – ich will meinen Lohn!", grummelte der Teufel am nächsten Morgen und wischte sich den Schweiß von der Stirn.

„Gut, du bekommst die Hälfte von dem Gold, das mir versprochen ward!", sagte der Brunner. „Ich will deine Seele!", schnaubte der Gehörnte, „Ich will nichts and'res sehen!" – „Meine Seele? Nein, das war nicht vereinbart. Aber du bekommst dreiviertel des Goldes!", lächelte Wittneben, was Urian fuchsteufelswild machte. Und da geschah, was die Wahrsagerin verhieß: „Wenn du den Teufel narrst und wütend machst, dann zieht so dichter Nebel auf, dass du die Hand vor Augen nicht sehen kannst. Also sage ihm „Du willst das fertige Werk sehen!" – das wird er dir dann grummelig nicht erfüllen können."

„Ich sagte, ich will die Leitungen sehen!", lachte der Brunner. „Kannst du in diesem Nebel irgendwas erkennen? Sogar das Schloss ist vom Himmel verschluckt. Ach Teufelchen, lass doch in Gottes Namen von meiner Seele ab!" Da erkannte der Teufel, dass ihn wieder mal ein Menschlein an der Nase herumgeführt hatte und verschwand mit lautem Getöse in Richtung Brocken. In Wernigerode hat man ihn seitdem nie mehr gesehen. Der Brunner aber bekam vom Grafen den versprochenen Lohn und konnte bis zum Lebensende recht gut damit leben. (aufgeschrieben nach Schrader)

2. Der spukende Schimmel

*E*inst ließ der Bürgermeister Wernigerodes einem Fuhrmann ein stattliches Pferd abpfänden, worauf jedoch gleich die Unrechtmäßigkeit der Pfändung an den Tag kam. Statt das Pferd nun aber zurückzugeben, ließ der Bürgermeister es sogleich totschlagen.

Das erzürnte den Fuhrmann so, dass dieser sagte: „Möge mein Pferd Sie ewig heimsuchen!" Mit diesen Worten geschah nun Sonderbares in der Stadt. Vor der alten Post stand nun des Nachts zwischen zwölf und zwei Uhr jener getötete Schimmel des Fuhrmanns, aber ohne Kopf, trabte durchs Rathaus, dann über den Markt in die Heidegasse, hinunter in den Heidemühlengraben, unter der Stadtmauer durch bis auf den Kirchhof und den gleichen Weg zurück.

Die Stadtwache verfolgte den Schimmel einst hin und her und stieß auf dem Rückweg auf zwei Bürger, die beteuerten, ihn ebenfalls gesehen zu haben. Er hätte sich von ihnen aufgebäumt, dass sie schon meinten, er wolle sie niederhacken, worauf sie voller Schrecken zu Boden gesunken wären.

Jeder, dem das Geisterpferd begegnet war, hatte am anderen Morgen einen dicken Kopf und lag im Fieber darnieder. Der Bürgermeister selbst ist nicht wieder gesund geworden und bald an seinem dicken Kopf zugrunde gegangen. Froher Gesang und Kirchengeläut würden aber verhindern, dass man dem Spukeding nächtlich begegne. So kam es, dass die Menschen der schönen Stadt Wernigerode einmal im Jahr große Umzüge machen und lärmend durch die Straßen ziehen. Das verscheuche alle bösen Geister aus der Stadt, heißt es. (aufgeschrieben nach Grässe)

3. Das schiefe Haus

Hinterm Wernigeröder Rathaus findet ihr das "Schiefe Haus". Um 1680 errichteten hier am Standort der alten Mühle die Tuchmacher eine Walkemühle. Man sagt, das Wasser des ehemaligen Mühlteiches hätte den Boden aufgeweicht und die Fundamente der Mühle unterspült, bis das Gebälk irgendwann auf steinigen Boden gestoßen wäre. Ich hörte aber auch eine andere plausible Erklärung:

Der Vorsteher der Tuchmacher wohnte einst in diesem Haus und war schon durch seine krummen Geschäfte und manche Intrige zum Gildemeister aufgestiegen. All seine Bekannten und Nachbarn wussten, dass er seine Geschichten ausschmückte, manchmal die Wahrheit etwas bog, aber auch böse log und betrog und am Ende oft selbst nicht mehr wusste, was wahr war und was nicht.

Auch an seiner schiefen Körperhaltung sah man irgendwann, dass er nicht aufrecht durchs Leben ging, aber nicht nur das. Am Ende bogen sich sogar die Balken seines Hauses. Man sagt ja auch: "Er lügt, dass sich die Balken biegen!". So wurde die Walkemühle schief und schiefer und wäre sicher am Folgetag umgefallen, wäre in dieser Nacht in des Vorstehers Schlafstube nicht etwas Seltsames geschehen. Der Meister erwachte aus seinem Traum und sah in der Ecke seines Zimmers einen schwarzen Schatten schweben, der ihn anrief: "Bist du nur einmal noch in deinem Leben nicht aufrecht, wird dein schiefer Dom aus Lügen über dir zusammenstürzen und dich in die Tiefe der Schatten reißen!" Wie der schwarze Schatten das sagte, flog er auf den verängstigten Tuchmachermeister zu und entblößte seine furchtbare Fratze.

Schweißgebadet wachte der Mann am andern Morgen auf, war aber bald frohgemut, weil er meinte, nur geträumt zu haben. Wie er aber im Spiegel sein Bildnis suchte, sah er bloß die schreckliche Fratze des nächtlichen Spukedings. Da schwor er sich, von nun an, niemals wieder schief Rede zu führen oder krumme Dinge zu tun und so steht das "schiefe Haus" noch heute. (erzählt von Einheimischen)

4. Die Hexe vom Bielerturm

Katharina von Bieler war eine Hexe, wie sie im Märchenbuch steht! Nein, nicht alt, hässlich mit Warzen auf der Hakennase. Sie war ein junges, keckes Ding um die 18 Jahr', an der wirklich alles am rechten Flecke saß. Vom lieben Gott war sie mit langem, wallendem, rötlichem Haar, einem gebärfreudigen Becken und Brüsten, so groß, dass man darin versinken wollte, über die Maße gesegnet wurden. Ihr Schmollmund jagte dem stolzesten Grafen Wonneschauer über den Rücken und ein einziger Blick aus ihren tiefgrünen Augen ließ jeden Ritter seine Moral vergessen.

Wen wunderte es also, dass selbst ein Mönch von der Himmelpforte, der Nächstenliebe predigend stadtwärts gezogen kam, ihr Hals über Kopf verfiel. Ach, was wussten ihre Schenkel von der Liebe zu singen, welche ihm bisher so fremd war und der er nun völlig verfiel. Nie zuvor fühlte er sich Gott so nah, wie wenn er in ihr versank, sich vollkommen in ihr verlor. Auch die Bieler genoss die ihr zuteilwerdende, ungeteilte Aufmerksamkeit des hübschen Klosterbruders in vollen Zügen, fühlte sie sich doch von ihm als Göttin verehrt.

Hier ist eigentlich alles gut, würde man meinen, wäre da nicht die ganz und gar unansehnliche Äbtissin zu Drübeck gewesen, die diesem verruchten Treiben ein Ende zu machen gedachte. Der heidnische Neiddrache tobte allzu sehr in ihrem Herzen, was sie freilich sich selbst nicht

Der Sachsenstein am Darlingeröder Steinkeis

d Katharina als Hexe angeklagt und – wen wundert's – auch verurteilt und auf den Scheiterhaufen gestellt. Ihren Mönch hat seit diesem Tage niemand mehr gesehen.

Doch kurz bevor das Holz gar feierlich zum Lodern gelüstete, stürmte ein Ritter hoch zu Ross in schwarzer

14

Rüstung heran. Wild, wie vom Teufel gepeitscht, schlug er mit dem Schwert um sich, hieb dann das Seil am Scheiterpfahl entzwei, zog die Hexe auf seinen Klepper und stürmte von dannen.

„Warum hast du mich errettet?", fragte die Bieler mit einem Blick, der Liebe verhieß, als sie im Wernigeröder Schloss erwachte. „Ich habe dich dem Feuer entzogen, schöne Katharina, weil mein Herz für dich in Flammen steht. Bleibe in meiner Schutzhaft, solange du magst. Gerne auch, bis die Drübecksche - die alte Hexe - versteht, dass du eher einer Göttin gleichst", antwortete der Graf. „Also bleib' ich für immer?", lächelte die Bieler, worauf der Graf ihre Hand nahm, vor ihr niederkniete und sprach: „Gern für alle Ewigkeit!"

Ein Turm des Wernigeröder Schlosses heißt noch heute im Volksmund der „Bielerturm"! (aufgeschrieben nach Will)

5. Recht steht über Adelstiteln

*E*inst lebte in Wernigerode ein Schäfer, der sich durch Fleiß und Sparsamkeit ein kleines Vermögen erworben hatte. Das sollte ihm helfen, in seinem Alter sorglose Tage zu verleben. Zu jener Zeit wohnte auf einer Burg über Wernigerode ein böser raubgieriger Graf. Als dieser hörte, dass ein Schäfer aus seinem Amtsbezirk eine stolze Summe Geldes besaß, suchte der Graf ihn eines Tages ganz unvermutet auf und verstand es, dem Schäfer unter Bitten, Drohungen und Versprechungen das Geld „für kurze Zeit" abzuborgen. Allein, so oft auch der Schäfer später den Grafen aufsuchte und ihn um die Rückgabe des geliehenen Geldes bat, erhielt er doch jedes Mal statt des Erwünschten nur schnöde und abwertende Antworten.

Doch eines Tages war der Graf verschwunden, du es hieß, er sei in fremden Landen gestorben. Der Schäfer schlich nun betrübt umher und beklagte bitter seinen Verlust, denn dessen Erben, die Grafen von Stolberg, wollten von seiner Forderung ebenso wenig wissen und jagten ihn fort. Einmal hetzten sie sogar die Hunde auf ihn. Als der Schäfer nun ganz verstört durch den Wald lief, stand plötzlich auf einem dunklen Waldweg ein graues Männlein vor ihm und sprach: „Willst du deinen alten Schuldner sehen, den Grafen? So folge mir!" – Das tat der Schäfer und kam zum hohen Petersberg, den man an seiner kahlen Kuppe erkannte. Als die beiden an dessen Fuße angekommen waren, öffnete er sich mit viel Getöse, nahm sie auf und schloss sich wieder hinter ihnen. Innen war alles ein wütendes Feuer. Der zitternde Schäfer erblickte den Grafen, der auf einem glühenden Stuhle saß, um welchen noch tausend Flammen züngelten. Der Graf schrie: „Schäfer, willst du dein Geld haben, so nimm dies Tuch und bringe es den Meinigen. Sage ihnen, wie du mich im Höllenfeuer hast sitzen sehen, in dem ich bis in alle Ewigkeit leiden muss, wenn sie dir dein Geld nicht zurückzahlen!"

Hierauf riss er sich sein Tuch vom Kopf und reichte es dem Schäfer. Dieser eilte mit schwankenden Füßen, von seinem Führer geleitet, zurück. Der Berg tat sich wieder auf und verschloss sich, kaum waren sie hinaus. Mit diesem Tuch eilte der Betrogene nun gleich zur Burg, zeigte es den Erben und gab Bericht, was er erlebt, gesehen und gehört hatte. Die Grafen von Stolberg-Wernigerode waren umgehend bemüht, dem Schäfer das Geld auf Heller und Pfennig, sogar mit Zinsen zurück zu bezahlen, womit der alte, gierige Graf dann wohl seine Ruhe in der Ewigkeit gefunden hat.

Graf Heinrich von Stolberg-Wernigerode ging aber einen Schritt weiter: Er wollte nicht nur die alte Schuld begleichen, sondern einen guten Samen für die Zukunft in den Boden bringen. Darum schenkte er am 01. Mai 1464 den Petersberg den „armen sichen luten vorm westeren Thore". Die armen, kranken Leute besaßen von nun an für alle Zeit das Recht, sich in den bitterkalten Wintern Brennholz zu holen, wodurch dann auch der Bergsporn zu seinem neuen Namen kam: Der „Armeleuteberg"! (aufgeschrieben nach Schrader)

17

6. Die Wahrheit eines Märchens

*D*as Märchen von Hänsel und Gretel beruht vermutlich auf einem wahren Kriminalfall des 17. Jahrhunderts:

Einst kam junges Mädchen, Katharina Schladerer mit Namen (und als 7. Kind eines Köhlers 1618 in Wernigerode geboren), mit zwölf Jahren ins Kloster nach Quedlinburg. In der Klosterküche lernte die Jungfrau von einer alten Nonne das Lebkuchenbacken nach besonderen Rezepten. Als die alte Küchenschwester im Sterben lag, übergab sie die Rezepte an die treue und fürsorgliche Katharina. Andere sagen, sie hätte sie von einem türkischen Konditor, der dazumal auf dem Schlosse Hof hielt, bekommen – aber wer von uns war dabei, um das zu bezeugen?

Dieses neue, seltsame, doch köstliche Gebäck war so begehrt, dass Katharina ihre Waren selbst auf Märkten in Süddeutschland mit großer Nachfrage feilbot. Erfolg aber zieht Neider an, und eines Tages begegnete sie auf dem Nürnberger Markt dem herzoglichen Hofbäcker Hans Metzler. Ob er sich auf den ersten Blick in Katharina verliebte oder nur die Rezepte des heiß begehrten Lebkuchens gewinnen wollte, weiß ich nicht zu sagen – nur, dass er ihr umgehend einen Heiratsantrag machte. Ihr aber war das nicht geheuer, zumal er mit jedem Tage zudringlicher wurde, worauf sie in ihre Geburtsstadt Wernigerode floh. Nur war sie auch hier vor den Nachstellungen des Hans Metzler nicht sicher.

1647 sah sich gezwungen, in einer Nacht- und Nebelaktion ihren Haushalt aufzulösen, die sieben Sachen zu packen und mit den Rezepten zu verschwinden. Sie zog in ein einsam gelegenes Haus am Engelesberg im Spessart, ließ es renovieren, vier Backöfen neu errichten und verkaufte ihre Erzeugnisse an den Höfen und Abteien zwischen Fulda und Mainz mit unglaublichem Ergebnis: Sie war als „Bakkerhexe" regelrecht berühmt. Von diesem Ruhm bekam der Nürnberger Hofbäcker, wohl ein wahrer Neidhammel, Wind und zeigte sie kurzerhand beim Gelnhäuser Stadtschultheißen als Hexe an. Aller Folter zum Trotz blieb sie standhaft in ihrem Schwur, nur Gott zu dienen, und wurde gar dank ihrer guten Beziehungen zu manchem Konvent begnadigt und entlassen.

Als Hans seine Intrige gescheitert sah, fasste er einen anderen, noch teuflischeren Plan: Gemeinsam mit seiner Schwester Grete (andere meinen, es wäre sein Weib gewesen) suchte er Katharina im tiefen Walde auf und ermordete sie. Um seine Hände rein zu waschen, erzählte er anschließend überall herum, sie wäre doch eine Hexe gewesen; sie hätte ihn verzaubert, wie einen Hund im Gatter gehalten und wollte ihn bald schlachten. Nur seiner Schwester wäre es zu verdanken, dass er mit dem Leben davongekommen sei, denn sie hätte der Hexe im Ofen den Garaus gemacht.

Diese Geschichte hörten dann auch die Brüder Grimm, als sie Märchen sammelnd durch den Spessart zogen. Das

Hexenhaus hat man übrigens tatsächlich gefunden, seine Grundmauern ausgegraben, auch die eines Ofens, in dem ein Frauenskelett lag. Ob Hans und Grete das Rezept für die Lebkuchen bekommen haben ..., wer weiß? (aufgeschrieben nach Traxler)

7. Der Weinkeller der Himmelspforte

*V*or hundert Jahren oder mehr wollte ein Förster aus Öhrenfeld seine silberne Hochzeit ausrichten, hatte auch ausreichend guten Wein besorgt, doch es kamen weit mehr gute Gäste als erwartet, so dass sich am halben Abend der edle Tropfen zur Gänze verbrauchte.

Sofort schickte er sein Dienstmädchen los, aus der Stadt so viel Wein zu holen, wie sie tragen könne. „Wo soll ich denn kurz vor der Geisterstunde noch Rebensaft auftreiben?", fragte sie ernsthaft besorgt, worauf der Förster leicht angesäuselt nur lachte: „Na, aus der Himmelspforte natürlich!" und dabei meinte, die Magd hätte seinen Spaß verstanden.

Wie das Mädchen aber wirklich zur Himmelspforte ging, sah sie bei den Trümmern des alten Klosters ein Lichtlein stehen. Sie schritt beherzt drauf zu und erblickte eine alte Frau, vor der sie, weil sie dachte, sie hätte die Weinverkäuferin vor sich, einen Knicks machte, „Gott zum Gruße" wünschte und sich Wein erbat. Die Alte schaute freundlich, öffnete im Boden eine große Tür, worauf Stufen in die Erde in ein großes Gewölbe sichtbar wurden. Dort standen Fässer über Fässer, eines größer als das andere, aus denen die Dame die Flaschen des Försters befüllte. Geld wollte sie für den Wein keines. „Sie wird schon eine Rechnung an den Förster stellen!", dachte sie bei sich, dankte freundlich und zog glücklich gen Forsthaus, war diese Aufgabe doch leichter gemeistert, als zuvor angenommen.

Der Förster aber wunderte sich sehr, als sein Dienstmädchen nach nur wenigen Minuten zurück aus Wernigerode war, dazu mit dem köstlichsten Wein, der jemals seinen Gaumen beglückte. „War sie in so kurzer Zeit in der Stadt?", fragte er. „Nein, ich war in der Himmelspforte, wie der Herr sagte … und Geld wollte die Kelterin auch keines. Hier habt Ihr's zurück." – Jetzt ward dem Förster seltsam zumute und er drang wieder und wieder in die Gute ein, ob sie ihn veralbern wolle, doch die Magd blieb dabei und wunderte sich über des Försters seltsame Fragen.Als die Hochzeitsgesellschaft des Försters bleiches Gesicht wahrnahm, musste er alles erzählen. „Der Wein … ein Geschenk des Himmels oder der Hölle, wisst ihr's?", schloss er seinen Monolog nachdenklich flüsternd.

Nach diesem Abend wagte sich niemand mehr freiwillig zur Geisterstunde zu den Trümmern des Klosters Himmelpforte, aus Angst das Geisterlicht könne wieder erscheinen. Der Wein aber soll himmlisch geschmeckt und die Trinkenden in ein atemberaubendes und betörendes Licht getaucht haben.

(aufgeschrieben von Carsten Kiehne nach Blankenstein)

21

8. Die geheime Kunst der Liebe

*J*m Kloster Himmelpforte lebte einst ein Mönch, der mit sehr jungen Jahren schon aufgenommen ward und deshalb als Mann noch immer so naiv und unerfahren war, dass er eine vorbeifliegende Schwalbe für einen Engel hielt.

Als er einmal die Kammer des Abtes säuberte, fiel ihm ein Buch in die Hände, das gut versteckt unterm Kopfkissen lag. Da er nicht lesen konnte, fragte er einen Diener des Klosters, einen ganz lustigen, welterfahrenden Gesellen, der den Titel des Buches schmunzelnd vortrug: „Von der geheimen Kunst der Liebe", las er laut und wusste sehr genau, was gemeint war, um nicht weiter darin blättern zu müssen.

22

„Von der geheimen Kunst der Liebe!", wiederholte und schwelgte der junge Mönch. „Das ist es, wovon ich mehr wissen muss, wo ich doch das Leben liebe, sowie meinen Nächsten und beim lieben Gott nur geliebt werden will. Bei wem kann ich's lernen, jene geheime Kunst?", quetschte der Mönch den Diener aus.

„Nun", lächelte dieser, „Meine Tante, unten im Städtchen Wernigerode, im Spelhus hinterm Westerntore, die hat schon viele Männer in die geheime Kunst der Liebe eingewiesen. Hast du Geld, wird sie's dir sicher auch zu Herzen bringen können!" – „Am Geld soll's nicht mangeln!", freute sich der Mönch, worauf dem Abt ausgerichtet wurde, dass man am nächsten Dienstag dringende Erledigungen in der Stadt zu treffen habe und dass der Diener dringend einen weiteren Helfer bräuchte, nämlich eben den besagten Mönch.

Als am Dienstagabend die gute Tante im Spelhus gefragt wurde, ob sie denn den Mönch in ihre Künste der Liebe einweihen wolle, schaute sie sich den Jüngling lüstern an und meinte: „Doch, er hat ein hübsches Gesicht. Gern nehme ich ihn auf meine Kammer, aber einen Taler wird's ihn schon kosten." Der Diener lief zum Mönch und sagte: „Meine Tante zeigt dir alle Geheimnisse, aber 10 Taler verlangt sie dafür!" – „Hier hast du das Geld!", sagte der Naive, worauf die Tante ihre dicken Brüste zurechtrückte und den Mönch an ihrer Hand in die gute Stube zog. Rasch hatte sie sich entkleidet, sich auch bereits des Mönchsgewandes bedient, der aber, wie er so nackend dastand, wusste gar nichts mit sich anzufangen. Deshalb bat er auch zum lieben Herrgott, dass dieser ihm eingeben möge, was nun zu tun sei.

Darum war die Tante jetzt aber recht erbost. Sie war es nicht gewohnt, den glühend heißen Ofen zwischen ihren Beinen unbeachtet und unbeackert zu sehen. Überdies fror sie ein wenig und es gelüstete sie nach dem Jüngling. Der aber war noch immer ratlos, als sie ihn auf die Pritsche zog, sich auf ihn schwang und ihren wollüstigen Unterleib an ihm zu reiben begann. Ihre dicken Euter schaukelten über seiner Nase, doch keine seiner Hände brachte die Tante zum Frohlocken, noch zum Quietschen. Der Mönch hatte seine Hände vor der Brust gefaltet und flehte seinen Herrn um Beistand an. Dass missverstand die Frau, meinte, er würde sie nicht schön und begehrenswert finden, fühlte sich um seinen heißen, strammen Riemen betrogen und hämmerte bald erbost auf seinem Brustkorb herum. Da winselte er und fragte, ob es jenes sei, was man im Allgemeinen die geheime Kunst der Liebe nennen würde.

Fuchsteufelswild schrie sie ihn an: „Natürlich ist es das! Merkst du denn das nicht, du Sohn eines Siebenschläfers?"

Da entwand er sich der Umklammerung ihrer wollüstigen Schenkel, ihres gefräßigen Unterleibes und ihrer um Liebe schreienden Schläge, nahm seine Siebensachen und floh aus der schmerzlichen Pein, die der Diener vorhin noch mit Lustgrotte betitelt hatte. Mit großen Augen sah der Diener den Leidenden an und fragte erstaunt, ob er schon fertig sei, worauf der Mönch ihn mit angstvollen Augen ins Freie zerrte.

„Sag, Diener!", begehrte der Mönch gleich darauf zu wissen, wobei ihm der Schweiß auf der Stirne stand, „Du bist so welterfahren, dass du wissen musst, wie's angeht. Wenn ein nackter Mann und eine nackte Frau beieinander gelegen, wer trägt schlussendlich die Frucht der Sünde in seinem Leib? Sag rasch, wer von beiden ist dann schwanger?"

Der Diener überlegte kurz und sagte mit todernster Stimme: „Derjenige ist schwanger, der beim Spiel um die Liebe hat unten gelegen." – „Oh nein, bei Gott!", schrie der Mönch in schierer Verzweiflung, „Deine Tante hat auf mir gesessen. Ich bin schwanger. Was wird der Abt zur Untugend sagen?"

Wie sie eine Weile Richtung Himmelpforte gegangen waren, kamen sie an einem Bauernhof vorüber, an dem die Bäuerin ihren Knecht ankeifte: „Du Nichtsnutz, hast meine trächtige Kuh geschlagen, herrje, da kalbte sie vor ihrer Zeit." Der Mönch wiederholte ihre Worte zweimal, dreimal, bis alle Sorgenfalten verschwanden und sich seine Gesichtszüge aufhellten.

„Diener, das ist des Rätsels Lösung! Wenn du mich nur schlagen musst, worauf mir dann die Frucht der Sünde aus dem Leib fährt, dann sollen deine Hiebe und Tritte gesegnet sein. Nimm alles Geld, das ich habe, aber schlag' mich nur tüchtig!", bat der Mönch aus der tiefsten Tiefe seines Herzens. Der Diener nahm das Geld, hieß den Gottesmann sich vornüber zu beugen und begann daraufhin, dessen Hintern und Gehänge mit Tritten zu malträtieren.

Als das Hinterteil des Mönches der untergehenden Sonne in ihrem Rotton Konkurrenz hätte machen können, sprang ein kleines Häschen aus dem Gebüsch hervor, zwischen den Beinen des Mönches hindurch, worauf dieser sich freudig aufrichtete und in seiner Naivität ausrief: „Sieh, ich war mit einem kleinen Hasen schwanger. Lauf mein Sohn, lauf und Gottes Segen, auf all deinen Wegen!"

Ihr könnt euch sicher vorstellen, dass dieser Mönch nie wieder etwas mit der „geheimen Kunst der Liebe" zu schaffen haben wollte. Seine Brüder hielten ihn wegen seiner Keuschheit Zeit seines Lebens für einen Heiligen. Ihr aber kennt sein Geheimnis, schweigt darüber oder redet zu Gott!

(aufgeschrieben von Carsten Kiehne)

Mauerreste der Klosterruine Himmelpforte

9. Das nächtliche Orgelspiel

*V*or einigen hundert Jahren hat die neue Kirche zu Hasserode - jener Ort, den vor aberhundert Jahren unsere Ahnen noch als „Rodung am Hardt", also als Mahlstätte oder bedeutsamen Gerichtsplatz kannten - seine Orgel aus einem katholischen Gotteshaus bekommen. Seltsam aber war's, dass sie pünktlich eine Stunde vor Mitternacht zu spielen begann, obschon kein Mensch in der Kirche war. Mädchen, die eben aus der Spinnstube nach Hause gehen wollten, hörten die schöne Melodie, setzten ihre Spinnsachen ab und tanzten lustig in die Nacht hinein. Ein Doktor, der eben von einem Patienten aus Hasserode kam, sah die Kinder und jagte sie aber nach Hause. Wie der Mann am dritten Tag in Folge die Kinder vor der Kirche sich drehen und wiegen sah, da wollte er endlich wissen, was es mit dem Orgelspiel auf sich hätte, sah ins Gotteshaus hinein, erblickte aber wirklich keine

Menschenseele, nur einen Schatten. Der huschte wie getrieben durchs Kirchenschiff und schien gleichsam die Tasten der Orgel anzuschlagen.

Zur nächsten Nacht hatte der Doktor viele Leute zusammengeholt: Der Prediger der Kirche, andere Geistliche, ein Richter und ein bewaffneter Förster und die Schar derer, die beim Orgelumzug dabei gewesen, waren zur Stelle, um des Spuks gewahr zu werden und ihm wenn möglich ein Ende zu machen. Wieder setzte pünktlich eine Stunde vor Mitternacht das Orgelspiel ein, draußen tanzten die Mädchen und drinnen fuhr die Musik nun auch zwei Männern, welche die Orgel hergebracht hatten, in die Beine. Immer schneller bewegten sie sich und so gern sie auch anhalten wollten, sie vermochten's nicht. „Eine Teufelei ist das! Wollt ihr den Herrn verspotten?", fragte der Prediger streng und forderte sie auf, die Narretei sofort zu beenden.

Da lachte der Richter, der das Spiel abschätzend betrachtete und fragte in die Runde: „Haben die Katholischen nach dem Abbau der Orgel in ihrer Kirche etwas vermisst?" – „Ja!", entgegnete der Priester verwundert, denn darum war bisher ein Geheimnis gemacht wurden, „Es sei etwas Wertvolles gestohlen!" - „Dann habt ihr hier eure Diebe!", sagte der Richter und fügte hinzu, als er die fragenden Blicke der Geistlichen sah: „Alle Kinder tanzen zur Musik. Und Menschen, die stehlen, sind wie Kinder, die nicht wissen, dass jene Güter anderen gehören. Seht, wie Ihnen der Kopf vom Tanze qualmt. Es heißt ja nicht umsonst, ‚Dem Diebe brenne die Mütze auf dem Kopp'!"

Tatsächlich: Als das erkannt ward und die Tanzenden auch gestanden, da setzte das Orgelspiel plötzlich aus und die Diebe fielen erschöpft zu Boden. Als man nun die gestohlenen Dinge zurück in die katholische Kirche brachte, da war der Spuk zu Ende und kam auch nicht wieder.

(aufgeschrieben nach Oelsner & Pröhle)

10. Vom Hirschkäfer

Z war gilt der Hirschkäfer in ganz Deutschland als stark gefährdet, doch gibt es ihn in Hasserode im Juni wieder verstärkt zu sehen. Es ist immer wieder eine Freude, einen der größten Käfer Europas (bis 75 mm lang) vor Augen zu haben, von dem so viel in alten Sagen erzählt wird, was sich freilich heutzutage nicht zur Nachahmung empfiehlt: Krieger fertigten sich ein Amulett aus den Hirschkäferskelet-

ten, was sie stark und viel weniger verwundbar machen würde. Und würde die Männlichkeit im hohen Alter einmal nachlassen, sagt man, müsse man nur einen Hirschkäfer fangen, ihn zerstoßen, in der Suppe verrühren und essen.

11. Vom Feuersalamander

E r ist als fürchterliches, Unglück bringendes Geschöpf in den deutschen Landen verschrien, da er als giftig gilt - die bloße Berührung führt zu Ausschlag und Haarausfall. Gerät er auf einen Obstbaum, vergiftet er die Früchte, deren Genuss dann den Menschen tötet. Er ist ein Wasservergifter, verendet er in einem Pfuhl, und Todbringer auch auf anderen Wegen, denn lädt man ihn lebendig ins Gewehr, trifft jeder Schuss totsicher. Man solle in jedem Fall Vorsicht beim Fangen walten lassen, denn gibt er einen Laut von sich, so würde man sein Gehör verlieren! Warum man ein solches Unglückstier denn dann überhaupt fangen sollte, fragst du dich?

Nun, wird ein Feuersalamander gereizt, spritzt er riechenden Saft aus. Dieser Saft löscht kleinste Glut und befähigt ihn, unbeschädigt durch schwaches Feuer zu gelangen. Diese Umstände führten im Volksglauben dazu, dass man mit solchem Feuerdämon doch Feuer bekämpfen können müsste:

„Da der Feuersalamander im Feuer lebt und es zum Verlöschen bringt, ist er also durch Feuer nicht zu töten; gilt somit im letzten Hoffen als Löschzaubermittel, wird er in die Höllenglut geworfen!"

Einmal ist das in Wernigerode tatsächlich geschehen. Da sah ein junger Bursche in der Burgstraße eine weiße Frau mit einem Besen kehren und wunderte sich, weshalb zur Geisterstunde die Straße gereinigt werde. „Ich bin ein Geist und so rein ich diese Straße fege, so rein wird sie übers Jahr von Häusern sein. Eine große Feuersbrunst wird über unsere Stadt kommen und all jene Häuser nehmen, vor denen ich fege." – So ist es auch gekommen. Allein dem Grafen Christian Ernst sei es zu verdanken gewesen, dass das Feuer nicht auf die ganze Stadt übergriff, denn er soll einen Feuersalamander in die aufwallenden Flammen geschmissen und verstanden haben, die Glut zu besprechen.

Das aber tun wir nicht. Wir freuen uns jedes Mal, wenn wir ein so prächtiges Tier an regennassen Tagen sehen, wünschen ihm einen guten Weg und lassen ihn in Frieden ziehen! (aufgeschrieben nach Pröhle)

12. Drei Wünsche

Drei Bergleute, die als Holzarbeiter und Nachtschichtler eingesetzt waren, sollten in einem alten Stollen über Wernigerode nach dem

Rechten sehen – hier knarzte das Gebälk, dass sich kein Bergmann mehr hinein wagte. Auch die drei waren nicht furchtlos, als sie die angegammelten Stempelausbauten sahen, aber vertrauten in Gott, dass der schon die Decke nicht über ihnen zum Einsturz bringen würde. Und ihre Arbeit schien Erfolg zu versprechen, fürwahr, sie waren ja auch Meister ihres Fachs. Nach gut sechs Stunden Arbeit war man getrost, dass man am anderen Morgen wieder einfahren könne. Da kracht's und donnert's mit einem Male so gewaltig, dass alle Lichter ausgeschlagen werden und die Bergleute das Schlimmste annehmen lässt. Tatsächlich: Die ganze Strecke, auf der sie zurück müssen, war zugestürzt und sie in der tiefen Dunkelheit verschüttet – keine Menschenseele würde sie hier wieder herausbekommen und nach einigen entbehrungsreichen Stunden baten die Männer zu Gott, flehten zum Berggeist, der, was sie nicht ahnten, längst hinter ihnen im Felsen saß.

„Ich möchte nur einmal noch den Sternenhimmel sehen!", sagte der Erste, der außer sich niemanden hatte. „Ich wünschte, ich könnte noch einmal mit meiner Verlobten zu Abend essen", weinte der Zweite, worauf der Dritte, dem viele Kinder am Beine hingen, sich etwas länger besann und dann bat: „Möge ich noch ein gutes Jahr bekommen, sodass ich meiner Frau beistehen und sie ausreichend versorgen kann, dann möchte ich gerne sterben!"

„Eure Wünsche sind erhört!", sagte da der Berggeist, öffnete den völlig Entgeisterten einen Spalt im Felsen und führte sie ins lichtvolle Freie. Doch kaum hatte der Erste die frische Waldesluft in alle Poren eingesogen, um dankbar in den Sternenhimmel über ihm zu blicken, da fiel er auch schon tot zu Boden. Da trugen die beiden Verbleibenden ihren toten Kumpel nach Hause, kreidebleich, denn wissend, was ihnen bevorstand. In Hasserode angekommen nahmen sie unter Tränen und mit einem letzten „Glück auf" voneinander Abschied. Der zweite starb noch am selben Abend in den Armen seiner Liebsten. Der dritte aber hatte ein ganzes Jahr und, weil er wusste, wann seine Zeit kommen würde, genoss er jeden noch so kleinen, kostbaren Augenblick.

Am Ende hatte er in nur einem Jahr mehr geliebt, als andere in drei ganzen Leben! (aufgeschrieben nach Cramm & Ey)

13. Der Köhler und der Teufel

Einst strich der Teufel auf der Suche Ärger zu stiften durch den dichten Harzwald und kam er zu einer Köhlersiedlung bei Hasserode. Ein Köhler arbeitete gerade fleißig an seinem Meiler am Bachbett der Holtemme, als er von einem Fremden angesprochen ward. Der Köhler blickte sich um, grinste über beide Backen und erkannte den Satan sofort. Dessen Pferdefuß stach nämlich unterm feinen Mantel hervor und ohne Furcht fragte der Köhler: „Was willst du Belzebub, sag an, ich hab' wenig Zeit für deine Spiele!"

33

Da meinte der Teufel zum Köhler, dass dieser einen beschwerlichen Beruf ausübe, der ihm sicherlich Schwielen an den Händen brächte. „Freilich", meinte der Köhler, „Mit meiner Pranke vermag ich schon tüchtig Prügel zu verteilen."

Jetzt lachte der Gehörnte, meinte, mit dem Köhler könne er leicht mithalten. Ja, er wollte sich mit ihm Köhler messen und würde er gewinnen, könne er leicht eine weitere Seele sein Eigen nennen. Der Köhler ließ sich auf den Schlagabtausch ein, aber nur unter einer Bedingung: Dem Geschlagenen sollten die Augen verbunden werden, damit er sich nicht im letzten Moment vorm Schlag wegducken würde. „Gut!", schnaufte der Teufel, „Aber ich will zuerst zuschlagen!" Darauf ließ sich der Köhler ein, ließ sich seine Augen verbinden und bekam eine solche Ohrfeige verpasst, dass ihm gehörig das Fressbett klapperte. Er schrie vor Schmerz und musste kopfnickend eingestehen, dass der Teufel einen Mordshammer hatte.

Nun aber war er an der Reihe. Dem Teufel wurden die Augen verbunden. Dann griff der Köhler nach seinem Hammer, schwang ihn drei Mal in der Luft und schmetterte ihn dem Teufel vors Kinn. So fest, dass der drei Zähne verlor und die Hörner klirrten. Er heulte laut auf, stürzte zu Boden und war von Sinnen. Nachdem Urian zu Bewusstsein gekommen war, gab er die Wette verloren. Nie wieder hat sich der Teufel an diesem Ort den Menschen gezeigt, obschon er die Wandernden noch immer gerne neckt. (aufgeschrieben von Erzählungen Einheimischer)

14. Der silberne Mann

Zu einer Zeit, in der der Bergbau im Harz noch in voller Blüte stand, trieben die Bergleute unterhalb der Steinernen Renne einen langen Stollen in den Berg. Nach wenigen Tagen machte man einen seltsamen Fund, denn es kam ein silberner Kopf zum Vorschein und wie man weitergrub, da war es ein ganzer, menschlicher Körper, hauchfein gearbeitet, aus blankem Silber. Dieser „silberne Mann" sah ganz so aus, wie man sich den Bergmönch der

alten Märchen vorstellte, und so wagte keiner der abergläubischen Bergmänner, die Figur anzurühren. Solange die Figur unangetastet im Stollen stand, fand man eine Silberader nach der anderen und schürfte und grub zu allen Seiten, bis der Stollen zum „Silbernen Mann" der reichste im Harz war.

Doch kein Glück währt ewiglich, denn Reichtum weckt Gier in den Herzen armer Menschen. Ein Bergmann meinte bald, er würde mehr und leichter verdienen könne, wenn er der Figur, den kleinen Finger von der linken Hand abschlage täte. So setzte er Hammer und Schlegel an und der Finger gab nach. Doch Silber war es keines mehr, nur noch taubes Gestein. Und auch die Adern verblassten mit einem Mal. Aus der verwundeten Hand der Silberfigur schoss ein solcher Wasserstrahl, der den Stollen bis zum heutigen Tage überflutete. (aufgeschrieben nach Oelsner)

15. Die Hippelwiese am Beerberg

S eltsames wissen wir zu berichten!", über-schlugen sich die Hammerschmiede, als sie den gemütlichen Raum der Schenke be-traten. Eben als der erste Mai-morgen graute, waren sie aus ihrer Hüttenschicht gekommen, um hier an der Renne,

36

einem erst kürzlich errichteten Wirtshaus, noch einen zu heben. Der Steiger, der seinen Dienst gerade erst begonnen hatte, blickte auf, sah in die Runde und war sehr erstaunt: All seine Leute, die er als äußerst mutige Männer kannte, sahen kreidebleich zu Boden und hatten zittrige Knie.

„Was ist mit euch?", fragte er schroff heraus und lachte, „Ist euch etwa der Teufel begegnet?" - „Das nicht!", sagte der Mutigste, „Aber als wir eben über den Beerberg liefen, da tippelten oben hundert Katzen, tanzten, zechten und spielten Musik. Auch ihre Katze war dabei, Herr Steiger. Keine hatte uns bemerkt, aber als Alfred auf einen Stock trat, da fauchte sie, worauf alle Katzen verstummten und versuchten, uns zu wittern. Wir wagten kaum zu atmen und erst als alle Tiere weiterspielten und tanzten, kamen wir auf leisen Sohlen her." – Da sprangen plötzlich Türen und Fenster auf und jene hundert Katzen stürmten auf die Menschen ein und wollten sie zerreißen. Die sechs Männer aber nahmen, was in ihre Hände fiel, und wehrten sich mit Messern, Besen und glühenden Stangen und droschen auf die Tollwütigen ein, dass ihnen alle Lust aufs Beißen und Kratzen verging.

Am Tage drauf sah man in Wernigerode viele Frauen gehen, die Blessuren an Kopf und Gliedern hatten. Waren das etwa die Hexen, die sich am Beerberg zu Katzen verwandelt hatten? Keiner wusste es zu sagen, aber seit jenem Tage macht man am Morgen des 1. Mai, wenn man zur Steinernen Renne hinauf spazieren will, einen großen Bogen um die Hippelwiese. (aufgeschrieben nach Rockstuhl)

16. Der König, der keiner war

*V*or tausend und abertausend Jahren lebte im Harz ein weiser König, der eigentlich gar kein König war. Doch sein Gang war königlich, anmutig seine ganze Erscheinung und die Edlen schwiegen, wenn er das Wort ergriff. Wenn er des Weges kam, barfuß pilgernd, eine süße Melodie pfeifend, dann blieben die Leute stehen, blickten ihm träumend hinterher, goldene Kutschen hielten und alle Kinder liefen ihm nach. Sein Rat war Bischöfen und Grafen Silber wert, doch das bedeutete ihm nichts. Das Glück umfing sein Herz, wenn eine Knospe aufblühte, der Wind die Haut liebkoste oder ein Lachen sein Herz berührte.

Nur eine Sorge quälte ihn: Was wird sein, wenn ich nicht mehr bin? Fürwahr: Überall, wo er war, lebte Frieden auf, lieblicher Einklang und Harmonie. Selbst der Fuchs hatte keine Lust mehr, war der König der Wege in der Nähe, ein Huhn zu reißen. Doch diese Einigkeit war ein empfindsames Gut, denn war er von einem Ort weitergezogen, an dem er Heil stiftete, dann war dort nach nur wenigen Monden die alte Zwietracht wieder ausgebrochen. Es war wie ein lästiges Kraut, dessen Wurzeln er nicht zu fassen bekam. Als er nun wenige Atemzüge vorm Tode war, vergrub der König der Wege seine Füße im warmen Boden des Harzer Waldes, streckte seine Hände gen Himmel und bat mit aller Inbrunst: „Bitte erhört mich – Vater, ich steh' nicht mehr lang unter deinem Himmel. Mutter, ich geh' nur noch heute deine Wege – könnt' ich auf ewig überall nach dem Rechten sehen."

Und der Vater im Himmel und Mutter Erde erfüllten diesen Wunsch. Kaum war der letzte Atemzug des Königs der Wege vergangen, wuchsen plötzlich in allen Landen neue Pflanzen, winzig zwar im Wuchs, doch gewaltig in ihrer Heilkraft, gleich der Größe des Herzens unseres Königs, der keiner war. Ihm zu Ehren nennt man das Kraut, das man bei Wunden und Entzündungen einsetzt, dass Fußleiden, Blasen, Wespenstiche und Schlangenbisse heilt, dass sogar gegen schwarze Magie helfen soll, noch heute „Wegerich – König der Wege"! Von Wegerich heißt es, er sei: "Vater der Pflanzen, offen nach Osten, machtvoll im Innern: Über dich knarren Wagen, über dich ritten Krieger, über dich ritten Bräute, über dich schnaubten Farren. Allen widerstandest du und setztest dich entgegen. So widerstehe auch dem Gift, der Ansteckung und all dem anderen Übel, das übers Land hinweggeht!" (aufgeschrieben von Carsten Kiehne)

17. Der Leichensteig

*N*ahe der Harburg liegt der Leichensteig, der seinen Namen von einer traurigen Begebenheit hat, denn einst verliebte sich des Grafen Töchterlein in den Hofjäger ihres Vaters – eine Liebe, die niemals Gefallen finden oder auf Verständnis hoffen konnte. Was der helle Tag also nicht wissen durfte, vertrauten die Liebenden der Dunkelheit an. Und wo das Kleid der Gräfin interessierte Blicke angelockt hätte, half ihr eine Verkleidung, um unbemerkt zu bleiben. So begleitete sie den Jäger in die Stadt, als Bäuerin gewandet. Ritt er zur Erkundung des Feindes, war sie sein Knappe und war er zur Jagd im Wald draußen, schlich sie sich mit Lumpen aus der Burg ins Tal und versteckte sich am vereinbarten Treffpunkt.

Da sitzt sie im Gebüsch, erwartet ihren Liebsten und hört ganz in der Nähe das Rufen des Waldhorns und den Büchsenknall. Gleich darauf springt ein Hirsch mit letzter Kraft auf sie zu, bricht tödlich verwundet vor ihr zusammen. „Verzeih du schönes Tier, doch mein Liebster bleibt der Sieger jeder Jagd!", haucht sie und streicht dem Tier übern Kopf, ihm das Sterben zu erleichtern, als sie hinter sich Schritte vernimmt. Freudig springt sie hoch, hastig - so vermummt, wie sie war - ihrem Liebsten entgegen und will sich schon zu erkennen geben, als sie auf ein Stöcklein tritt. Laut knackend gibt es nach. Da fällt ein weiterer Schuss und trifft sie mitten in die Brust, worauf sie tot zu Boden fällt, ihr Liebster kommt zu spät, sie aufzufangen. (aufgeschrieben nach Will)

18. Der Kiebitztanz

*D*er junge Mann, der stets in den Ruinen der Harburg die Schafe hütete, hatte sich unsterblich in ein Mädchen verliebt, dass seine Großmutter ihm aussuchte. Sie wollten auch heiraten, doch zuerst musste er in den Krieg ziehen. In der Ferne aber verliebte er sich in eine andere Frau und wollte vom ersten Eheversprechen nichts mehr wissen. Da wusste seine Großmutter gleich, dass hier nur Zauberei im Spiel sein konnte, denn ach so leicht vergisst man seine erste Liebe nicht. So lud sie ihren Enkel mit der neuen Flamme zu sich ein, veranstaltete ein großes Fest und forderte alle Frauen zum Kiebitztanz auf. Die neue Frau wollte nicht mittanzen, doch wurde mitgezogen. Da zündete die Großmutter ein Lämplein an und alsogleich ging die neue Liebhaberin ihres Enkels in Flammen auf und sauste zum Schornstein hinaus.

Gut, dass die Großmutter wusste, dass der Kiebitztanz jede Hexe entlarven würde, wenn man dabei ein Feuer entzündet. Da erwachte der Schäfer wie aus einem bösen Traum, erkannte auch seine erste Liebe wieder, nahm sie bei der Hand und gab ihr hundert Küsse. Jeden Tag hüteten sie nun miteinander bei der alten Harburg die Schafe und niemand wollte mehr ohne den anderen sein.

Die Zwerge der Ruine sahen ihnen gerne zu, auch dann, wenn sich beide unbeobachtet fühlten. „So schön, wenn wache Menschen wahrhaftig lieben!", schwärmten die hutzeligen Gnome und schenkten ihnen dafür einiges von ihrem silbernen Geschirr. Später erzählte man, der Schäfer hätte einen Räuberschatz gefunden. (aufgeschrieben nach Will)

19. Die Hohneklippen

*D*rei Fräulein besuchten die Hohneklippen am Brocken und verirrten sich völlig im unwegsamen Gebirge. Über den Hohneklippen, als die Sonne im Zenit stand, trat ein winziges, unansehnliches Männlein zu ihnen hin und sagte, es wolle sie umherführen, was sie aber hochmütig ablehnten: Sie würden den rechten Weg schon wiederfinden und würden es nicht schätzen, von einem dahergelaufenen Waldschrat belästigt zu werden. Und wie der Alte das hörte, verschwand er hinter dem nächsten Felsen, so schnell er gekommen war.

Als die Sonne sich bereits im Westen zur Erde neigte und noch immer weder Weg noch Steg zu finden war, bekamen es die Fräulein doch mit der Angst. Plötzlich erschien aus dem Nichts eine Zigeunerin, schritt immer näher auf sie zu, grinste sie mit spitzen, schwarzen Zähnen an und sagte: Wenn eine von ihnen den wilden Jäger heiraten wolle, so würde sie die anderen beiden zurückgeleiten. Das wollten sie aber nicht, sagten der Muhme patzig, sie könne den Jäger selber ehelichen oder sich zum Teufel scheren. Da wurde die Alte zornig und verwünschte die drei Frauen: Als die drei Jungfern sollten sie ewig im Walde als Klippen versteinert stehen bleiben.

Ein Jäger, der hier einst auf seinen Hochstand wollte, hörte ein leises Winseln. Er folgte den Wehlauten und fand zu seinem Schrecken eine uralte, halbverweste Frau. Starr vor Angst bat sie ihn, nur zuzuhören. Sie erzählte ihm das Geschick der drei Jungfern, hieß ihn die Hauptklippe hinaufzusteigen und hinabzuschießen. Das würde die Jungfrauen erlösen. Ungläubig hatte er zugehört, um mit dem letzten Worten der Alten festzustellen, dass er wohl einem Tagtraum auf den Leim gegangen war, denn er hatte die ganze Zeit einem Stein gelauscht. Zugegeben hatte der eine ganz menschliche Gestalt.

Der Jäger beschloss, trotzdem zu tun, was ihm flüsternd geheißen wurde, kletterte den Felsen hinauf, schoss, brach sich aber beim Herunterklettern von der Klippe den Hals. Am Fuße der Hohenklippen wurde zu seinem Gedenken ein Leichentext angemacht. Zu jedem Johannistage wird die Tafel von unbekannter Hand bekränzt. Es soll aber eine sich um den Felsen schlingende um diese Zeit blühende Blume sein, die Kapellenklippe heißt. Wer in der Nacht vorm Aufblühen dieser Blumen die alte Forderung besteht, hat die Jungfern erlöst! (aufgeschrieben nach Grässe)

20. Der Bergmönch bei Drei-Annen

*J*n der Nähe des Hohnehofes – der seit 1251 als Ort der Hut und Trift, mit Rinderhof, Stuten- und Fohlenweide beschrieben wurde – am jetzigen Gasthaus Drei Annen, fand der Bergverwalter Schmidt eine vielversprechende Erzader. Man erlaubte ihm auch, dort Kupfer und Silber abzubauen und selbst Graf Friedrich zu Stolberg-Wernigerode erwarb einige Anteile des neuen Bergwerks. Einen Kux für sich, einen für seine Mutter Anna, einen für seine Tochter Anna und einen für die Nichte, die den gleichen Namen trug. Weil der Graf damit die meisten Anteile besaß, taufte man die Grube „Drei-Annen-Stollen".

Doch das begehrte Glück blieb aus, worauf nach nur elf Jahren immer mehr Bergleute ihre Stelle verloren. „Und doch ist genug von allem da, wir haben es gesehen!", sagte ein

Bergmann und erinnerte sich an eine seltsame Begebenheit dort unten in der dunklen, unwirtlichen Tiefe. „Einmal hatten wir nur noch wenig Öl und mussten uns entscheiden, entweder früher wieder auszufahren und weniger Lohn zu bekommen oder bald in der Dunkelheit zu knuffen und vielleicht niemals wieder ans Tageslicht zu finden. In unsrer Verzweiflung sahen wir vor uns ein Licht. Puh, der Steiger wars, dachten wir und atmeten erleichtert auf. Doch der Kerl, der die Bergleuchte trug, was ein gewaltiger Frosch war, wurde beim Näherkommen immer größer und war kein Geringerer als der Bergmönch selbst. Er gab uns von seinem Öl, weil wir fleißige Männer seien, sagte er. Ein Öl, das niemals leer gehen würde, könnten wir das Geheimnis unserer Begegnung nur für uns behalten. Ach, was war das für eine reiche Zeit! Wir konnten aus den Vollen schöpfen, sogar Lampenöl aus unseren Fröschen entnehmen, weiterverkaufen und trotzdem ward die Quelle niemals erschöpft. Wie der Bergmönch nach unserer Begegnung an den Felsen klopfte und der sich auftat, da sahen wir dahinter blinkendes Silber und Gold stehen. Hätten wir nur reagiert und eine Hacke in den Spalt gesteckt, er wäre sicher offengeblieben. Die Ader verschloss sich und wir fanden sie niemals wieder.

Das brachte meinen Kumpel zur Weißglut, darüber in Verzweiflung und deshalb zum Saufen. Wie er einmal im Drei-Annen-Hof soff erzählte er alles: Vom Bergmönch, vom nie enden wollenden Öl, und von da an war's vorbei mit unserem Glück. Denn unsere Frösche waren leer und gleich war's, wieviel Öl wir nachgaben, sie blieben staubtrocken.

Einmal überredete er mich, alle Fünfe gerade sein und unsere Ratte quieken zu lassen. Du weißt schon: Man gängelt das Tier im Käfig mit einem Stock, sie macht Lärm, worauf der Steiger ruft: „Alles aus dem Berg!", weil dieser nun befürchtete, die Stempel könnten nachgeben und die Decke einstürzen. Bis der Steiger aber begriffen hatte, dass die Ratte keinen Alarm geschlagen hatte, sondern nur geärgert wurde, saßen die Kumpel längst lustig im Gasthaus beim guten Kräuter und äfften das Quieken der Ratte nach.

Egal, diesmal wollten wir früher gehen und mit zwei, drei Humpen unser Leid ertrinken, als plötzlich der Bergmönch vor uns stand. Grimmigen Blickes stand er uns im Weg und wies uns mit seiner Pranke zurück an die Arbeit, denn faule Bergleute kann er nicht leiden. Mal stand der Bergmönch neben mir und mal sah er meinem Kumpel bei der Arbeit zu. Und wehe, wehe, ich wollte einen Moment verschnaufen, da hob er seine Hand und hat mir nicht nur einmal eine Ohrfeige gegeben, die so laut nachhallte, als wolle der Berg in sich zusammenbrechen.

Mein Kumpel versuchte in jener Nacht zu fliehen. Hat einen anderen Weg als sonst genommen und wohl kein Lampenöl dabeigehabt. Die Bergkommission meinte später, er sei gestürzt. Ich aber weiß, dass ihn der Bergmönch gepackt und ihm den Hals verdreht hat – Gott hab diesen Narren selig."
(aufgeschrieben nach Cramm)

Das Steigerlied

Glück auf, Glück auf, der Steiger kommt.
|: Und er hat sein helles Licht bei der Nacht, :|
|: schon angezünd't :|

Schon angezünd't! Das gibt ein'n Schein,
|: und damit so fahren wir bei der Nacht, :|
|: ins Bergwerk ein :|

Ins Bergwerk ein, wo die Bergleut' sein,
|: die da graben das Silber und das Gold bei der
Nacht, :|
|: aus Felsgestein :|

21. Des Bergmannes Traum

Ein Bergmann in Drei-Annen-Hohne träumte in der Nacht, dass er am folgenden Tage in seiner Grube einen üblen Schaden nehmen würde. Darum beschloss er, an diesem Tage nicht einzufahren, meldete dem Steiger, er wäre krank, und blieb daheim. Da konnte er nun alle Fünfe gerade sein lassen und legte sich auf das kleine Sofa, das in seiner Stube stand. Beim Umdrehen aber, stieß er seinen Ellenbogen schmerzlich am Balken. Daran hing ein schweres Plätteisen an einem dünnen, eisernen Nagel, das durch die Erschütterung herunterfiel, den Bergmann mitten auf den Kopf traf und ihn somit erschlug. Von dieser Zeit an fahren die Bergleute noch unverzagter als zuvor in den tiefen Schacht, denn sie sahen aus jener Begebenheit, dass man überall in Gottes Händen stände. Und die Moral von der Geschicht? Stehst du vorm ewigen Gericht … Gott findet dich, gehst du zur Arbeit oder nicht. (aufgeschrieben nach Pröhle)

22. Woher Elend seinen Namen hat

Der Teufel selbst soll einst auf seinen Händen, als sein Vorhaben wieder und wieder scheiterte, eine Mauer um den Harz herum zu bauen, zwei Dörfer aus der christlichen Vorharzebene in den heidnischen Oberharz gebracht haben, die man später „Sorge" und „Elend" nannte! Die Reste seiner Teufelsmauer kann man bis heute im Ostharz bewundern.

Einmal hat in Elend eine Frau namens Käthe gewohnt, die hat einen eigenen Hof und auch sonst ein gutes Auskommen gehabt, aber niemand wollte sie freien. Jeden Samstag ging sie zum Tanz, trank einen guten Tropfen und ging dann doch allein nach Haus. „Ich möchte nur einmal richtig tanzen", sagte sie, „Und wenn's mit dem Teufel höchstselbst wär'!"

An diesem Abend kam ein Fremder in die Schenke, hatte eine schöne Statur, ein Antlitz aus Ebenholz, der nur Käthe und keine andere Frau ansah. Er kam auf sie zu, schenkte ihr einen Trank aus und fragte, sich vor ihr verneigend, ob er sie denn auch zum Tanze laden dürfe, was sie mit ganzem Herzen bejahte. Und so ging es die ganze Nacht. Sie wirbelte um ihn herum und wollte gar nicht müde werden und hing ihm am Ende am Halse. Wie er sie nach Hause führte, da sagte sie, ihn fest umklammernd, dass sie mit ihm am liebsten bis ans Ende ihrer Tage tanzen würde, worauf er nur gewartet hatte. Plötzlich umhüllte ein dichter Nebel Käthe und ihren Freier. Wie die Schwaden sich teilten, bemerkte die Frau, wie sie am Körper des leibhaftigen Bösen klebte. Der nutzte ihre Umklammerung nun, um vom Boden abzuspringen und auf dem Wind zum Brocken zu sausen. „Eine Seele mehr, die ich mein Eigen nennen kann!", lachte er. Das Weib war so verdutzt, dass ihr eiserner Griff seinen Hals zuschnürte und dem Allgewaltigen die Luft zum Atmen nahm. Was er auch versuchte, sie ließ nicht locker. Endlich bat er Käthe um Verzeihung, brachte sie wieder nach Hause und versprach ihr, was immer sie wollte. Sie aber wollte nur ihn, was ging's ihm da elend. Und so heißt der Ort, an dem sich der Teufel seine Klette einfing, noch heute „Elend"! (nach Rockstuhl)

23. Einer meint, er kenne keine Furcht

Zwei Venediger kamen in der Nähe des Brockens an ein kleines, am Walde liegendes Häuschen und baten um Nachtquartier. Dem die Hütte gehörte, erlaubte ihnen zu bleiben, gab ihnen Abendbrot und führte sie morgens zum Brocken.

Dort deckte der eine Fremde, der ein Venediger war, an einer Stelle den Rasen auf, der andere pflückte von gelben Blumen alle Knöpfe ab. Der Erste brachte nassen Grand aus der Höhle, der Zweite wiederum machte das Feuer an. Den Grand und die gelben Knöpfe taten sie in einen Tiegel und sie schmolzen Luffen (den groben Guss auf den hohen Öfen, der nachher erst ins Feine gearbeitet wird) davon. Der Mann wollte auch ein paar Stücke abhaben, sie aber sagten, für dies Jahr wäre es zu spät, im nächsten Jahr würden sie ihn wieder abholen, dann solle er es ihnen sagen, ehe sie in die Grube stiegen. Darauf brachte er sie wieder nach Harzburg und sie blieben die Nacht wieder in seiner Wohnung. Abends kam in seiner Stube eine große Gesellschaft zusammen, darunter auch ein Sägemüller, der oben im Hause wohnte und man erzählte sich alte Märchen von Gespenstern.

Hierauf aber sagte der Sägemüller, er würde sich vor gar nichts, vor allem nicht vor solchem Zauber-Schmarrn fürchten. Da sprach der eine Venediger: "Du nix Furcht? Komm, komm man ruff in mané Wohnstubé.

Du weißt, dé Fensterchlas is káput. Chlaub man, du fürchtest dich wie jedé andere vor dem, was da 'neinkommt." So gingen beide hinauf, der eine zu beweisen, dass er furchtlos sei, der andere, um ihm das Gruseln zu lehren. Der Venediger setzte dem Mutigen einen Stuhl mitten in die Stube vor das zerbrochene Fenster. Er selbst setzte sich an den Tisch, auf dem ein steinaltes, goldverziertes Buch lag. Seltsame, verschnörkelte Letter waren darauf zu sehen, die der Sägemüller nicht zu deuten wusste, ihn aber an Nattergezücht erinnerten. Nun sollte er dem Venediger versprechen, sich nicht zu rühren, keinen Ton von sich zu geben und nur auf die Fensterscheibe zu achten.

Der seltsame Fremde begann, in einer fremden Sprache vor sich hin zu murmeln und bald kam eine Art Schlangenkopf zur Fensterscheibe herein, wurde immer länger und ging pfeilschnell auf den Müller los. Der Venediger las so lange, bis der Schlangenkopf ungefähr noch einen halben Fuß vom Gesichte des Mutigen entfernt war. Beinahe wäre der vor Angst in Ohnmacht gefallen, als der Venediger aber die Schlange wieder in den Wald zurücklas. Als sie ganz fort war, fragte er wieder: ob er nun noch sagte, dass er keine Furcht kenne. "Nie widder werd ich so'n Stuss sabbeln!", entgegnete er, worauf der Venediger zufrieden lächelte und meinte, er solle es vor allem nicht in Gesellschaft fremder Menschen tun, von denen er nicht wüsste, was ihr Handwerk wäre.

(aufgeschrieben nach Pröhle)

24. Frauenmantel am Trudenstein

In alten Zeiten sammelten sich am Trudenstein bei Schierke, einem dämonischen Ort, immer dann die Hexen, wenn der Teufel rief. Und wer seinem Ruf folgte, stand für immer in seinen Diensten. Für den Ruf des Höllenfürsten war aber nicht jeder empfänglich. Nur das jeweils siebte Kind einer Familie oder diejenigen, die sich beim Wandern am Trudenstein durch sonderliche Güte oder Boshaftigkeit auszeichneten, spürten bald im Traum ein verschleiertes Verlangen, aufzuwachen, loszugehen, um dem Höllenfürsten zu begegnen.

Am Trudenstein würde das Böse dann prüfen, wie wahrhaftig das Herz des Gerufenen für die ein oder andere Seite schlägt. Gute Seelen wären des Todes, würden im heiß aufwallendem Blut der sieben Höllen unter Tage verglühen. Menschen aber, deren Herzen der dunklen Seite anhängen, dürften weiterleben, doch zu welchem tiefdunklen Preis?

Auch Anna war im Lichte des Vollmonds aufgeschreckt, wusste nicht, weshalb sie sich ihr Kleidchen überstreifte und die Schühchen anzog, nur, dass sie es tun musste, dass sie sich gerufen fühlte. Wie im Bann setzte sie einen Schritt vor den anderen. Sie kannte den Weg, war sie doch wie immer in den Sommerferien zu Besuch bei ihrer Oma unten im Städtchen und letztens zum Blaubeersammeln am Trudenstein gewesen. Die Großmutter hatte sie noch gewarnt, den Felsen nicht anzurühren, worauf beide einen großen Bogen darum machten. „Mit dem Stein wäre es nicht richtig!", hatte sie gesagt. Anna spürte wohl, dass eine unheimliche Kraft von dem Felsblock ausging, die sie unwillkürlich in seinen Bann zog und als die Muhme einmal nicht schaute, da war sie doch hinzu gegangen, kam dem Stein näher als sie sollte, berührte ihn und …, nichts. Gar nichts geschah, dachte sie in jenem Moment, was sich als schlimmer Irrtum erweisen sollte.

Denn als würde sie ihren Körper von oben beobachten, aber keine Kontrolle über ihn haben, sah sie sich nun zur Geisterstunde einen Schritt vor den anderen setzen, sich über große Steine und den Schierker Feuerstein herum klettern, der heute im Mondenglanz selbst ein unheimliches, rötliches Licht aussandte. Sie schalt sich selbst ein „dummes Ding", aber was half das? Wenige hundert Meter waren es noch bis zum Trudenstein, als sie einen weiteren Drang in ihrem Herz wahrnahm. Eine Stimme zog sie weiter, immer schneller immer weiter. Die andere aber mahnte sie zum Boden zu blicken, das Kraut wahrzunehmen. Am Waldboden stand eine winzige Pflanze, ihre Blätter wie einen Fächer ausbreitend in deren Mitte ein Tautropfen stand. Das seien die Tränen der Göttin, sagt man, mit der Kraft, einer jeden Seele ihre göttliche Unschuld zurückzugeben.

Und plötzlich hörte sich Anna selber singen: „Unsrer lieben Frau ihr Mantelkraut, ist ein Kraut über alle Kräuter, ist's Herz zerrissen und schreit es laut, zieh's ab – heilt's ab, zieh's raus – heilt's aus, und all das Böse fährt aus dir hinaus!" Dann sah sie sich, wie sie den Tau aus dem Kelch der Blüten trank und ward plötzlich wieder ganz sie selbst und doch wieder nicht. Ja, sie war es, die auf dem moosigen Waldboden stand und in die tiefe Nacht hineinblickte. Doch spürte sie sich seltsam erneuert, so groß wie selten zuvor und mit stillem, langsam schlagenden Herzen beobachtete sie, wie sich dichte Wolken vor den Vollmond schoben. Oben auf den Klippen, hörte sie Urian fluchen und donnernd auf seine Truden schimpfen, weil ihm Annas süße Seele entronnen ist. (aufgeschrieben nach den Gebrüdern Grimm)

Das Hexengesicht am großen Feuerstein über Schierke

25. Das besprochene Wasser

*a*llem zum Trotze hat in Schierke aber auch eine gute Hexe, manche nannten sie die Kräutermuhme, den Menschen so manchen wichtigen Dienst erwiesen. Oft ward sie am Feuerstein gesehen, da sie in alten Zeiten in ihrer Kote am Feuerchen gesessen. Das war ein lustig Ding, denn sie hat den Eingang der Behausung so gewählt, dass er gen großer Feuersteinklippe ging. Wenn drinnen also ein Feuer züngelte, war dessen Licht auf den Felsen geworfen, so dass es aussah, als würden tausend Schlangen darauf kriechen oder hundert Schattengeister kämen durch die Lüfte geflogen oder der Stein brenne selber lichterloh, wovon er auch seinen Namen hat.

Die Muhme selbst war ein steinaltes, wirklich nicht ansehnliches, aber herzensgutes Wesen, das die Waldesruhe genoss, es aber duldete, dass ein Mensch in schlimmen Lebenskrisen ihren Rat einholte. Und weil die Alte die Stille liebte, erzählte manch Schierker den Besuchern gar gräuliche Geschichten von den Feuersteinen, so ward der Platz von Fremden gemieden und ganz der Alten zu eigen.

Einmal kam ein junges Mädchen zu jener Hexe und brachte verzweifelt ihr Anliegen vor: „Gute Muhme, ich weiß nicht mehr, was ich noch tun soll. Mein Mann und ich, wir lieben uns. Wir lieben uns mitten im Walde, im Garten, auf dem Fußboden unseres Hauses und auf dem Küchentisch. Aber so leidenschaftlich wir uns lieben, streiten wir auch. Ich habe bald nichts mehr von dem guten Geschirr meiner Großmutter, weil alles im Streite zu Bruch ging." Die Alte überlegte kurz, schlug ihr uraltes, dickes Zauberbuch auf und fand auf einer vergilbten Seite des Rätsels Lösung:

„Ach ja, ich kann dir helfen mein' Dirn.", sagte sie, stand auf und kramte in einer großen Kiste, in der die merkwürdigsten Dinge zum Vorschein kamen. „Hier, hier ist es. Mein Kind, nimm diese Phiole. Darin ist besprochenes Wasser vom Bodesprung – ich holte es barfuß am Ostermorgen, bevor die Sonne die Welt wachkitzelte. Wenn der nächste Streit die Luft verdichtet – höre gut zu – dann nimm einen Schluck von diesem Wasser, schlucke es aber nicht herunter, sondern behalte es im Mund. Erst, wenn der Streit abebbt, dann renne hinters Haus und spucke es an einen Obstbaum."

Das Mädchen bedankte sich mit Tränen in den Augen, gab der Alten eine Silbermünze und rannte nach Hause. Dort stellte sie die Phiole auf eine Anrichte und wartete nun auf den nächsten Streit … und wartete … und wartete … und weil sie so sehr darauf wartete, kam er nicht!

Aber dann, endlich: Ihr lieber Mann kam gar nicht lieb und völlig abgearbeitet aus dem Walde heim und frotzelte und schimpfte, dass das Essen noch nicht auf dem Tisch stehen würde und was sein Weib denn den lieben langen Tag überhaupt so täte und, wie sie das Haus verkommen ließe und und und …!

Beinahe wäre ihr der Kragen geplatzt, doch zu guter Letzt erinnerte sie sich an das besprochene Wasser. Sie nahm einen Schluck und sagte kein Wort. Ihr Mann wunderte sich sehr. Er wusste genau, was sie in der Regel bei solch einem Streit sagen würde und hatte sich seine Worte als Antwort schon bereitgelegt und … aber sie sagte kein Wort, schaute ihn nur aus großen Augen an. Ach, endlich sah er ein, dass er die Kritik vielleicht ein wenig harsch vorgetragen hatte. Und wie sie weiter schwieg, da sagte er ihr, dass er ja wisse, wieviel sie mit Haus und Hof, den Kindern und dem guten Vieh um die Ohren hätte. Und endlich gab er zu, dass er einen verteufelten Tag hinter sich hatte und sich gar nicht mit seinem guten Weibe streiten wolle, weil er sie unglaublich liebe und bat sie, doch endlich ein Wort zu sagen.

Da wusste sie, dass das Wasser der Hexe half, rannte – zur Verwunderung des Mannes – aus dem Haus, spuckte den Schluck an einen Obstbaum, kam dann wieder hineingesprungen und klebte plötzlich am Hals ihres Geliebten. Ihr könnt's euch denken: Nun konnte die Versöhnung gleich leidenschaftlich beginnen – im Garten und auf dem Fußboden der guten Stube.

(aufgeschrieben von Kiehne)

26. Venediger am Schlangenstein

Zu einem Harzer, von dem jedermann wusste, dass er jeden Weg und Stein im Oberharz kennt, kamen einmal drei Venediger, ihn zu bitten, sie zur Schlangenklippe zu führen. „Zur Schlangenklippe? Noch nie gehört, doch gibt es eine Stangenklippe oben am Königsberg. Warum der drittgrößte Gipfel im Harz so heißt, weiß ich leider nicht zu sagen." Die zwei jüngeren Venediger sahen ihren älteren Gefährten an, der mit dem Kopf nickte und den Harzer fragte, wann es losgehen könne und weil der gerne etwas dazu verdienen wollte, führte er sie noch zur gleichen Abendstunde zum Königsberg.

Dort angekommen, schlug der fremde Alte mit einer eisernen Stange gegen einen Felsen, der prompt zerbrach und darunter gelben Sand freigab. Die Venediger füllten ihre Taschen und forderten den Harzer auf, es ihnen gleich zu tun, doch der schüttelte nur den Kopf und antwortete, dass er solchen Sand zuhause genug hätte. Jetzt nahm ein junger Venediger seine Flöte aus der Tasche, entlockte ihr seltsame Klänge, worauf plötzlich aus allen Nischen, Rillen und Klüften Schlangen an die Erdoberfläche krochen. Sicher hunderte von Nattern schlängelten sich auf die Männer zu, sodass dem Harzer Angst und Bange ward und er den Venediger bibbernd aufforderte, dass Spielen bloß sein zu lassen: „Sssisiessiehst du nicht die Teufelswürmer um uns rum?" – „Spiele immer so fort!", sagte der Älteste, „Die Rechte ist noch nicht dabei!"

Endlich, als die Männer bereits knöcheltief zwischen den sich windenden Würmern standen, kam eine silberne Schlange auf sie zu gekrochen, die der Alte packte und ihr mit einem Streich den Kopf abschnitt. Alle anderen Schlangen suchten nun das Weite, worauf die Venediger sich setzten, ein Feuer machten und die geköpfte Silberotter brieten und aßen. „Willst du auch ein Stück?", fragte der Alte, was der Harzer angeekelt abwies. „So nimm doch wenigstens einige der güldenen Blumen für deine Kinder!", setzte der Venediger drängend nach, was sich der Bergführer schließlich auch gefallen ließ.

Er hätte auch den Schlangenhappen und den gelben Sand mitnehmen sollen, denn zuhause angekommen, hatten sich die güldenen Blumen zu Gold verwandelt. Zur rechten Stelle an der Schlangenklippe fand er niemals wieder.
(aufgeschrieben nach Günther, in Rockstuhl)

27. Venediger am Mönchsstein

$\mathcal{E}$ inmal kam ein Schlosser auf seiner Reise am Brocken durchs Schuppental und begegnete hier zwei Venedigern. Diese beiden fremdländisch aussehenden Männer waren eine Weile vor ihm hergegangen, bis sie plötzlich spurlos verschwanden. Am anderen Tage sah der Schlosser sie wieder das Schuppental hinaufsteigen, doch diesmal ward er bemerkt: „Oh Bruder sieh: Noch so ein Harzer, der eine Kuh mit einem Stein bewirft und nicht ahnt, dass der Brocken wertvoller ist, als die Kuh selbst!", spottete einer der Schatzgräber. „Solchen Stein würd' ich gern' zu Gesicht bekommen!", lachte der Schlosser, der nähergekommen war, den Spaß gehört hatte und seinen Hut zum Gruß hob. „Da müsstest du mit nach Venetien kommen, da haben wir schillernd' Gestein, du würdest den Augen nicht trauen!", entgegneten die Venediger. „Nach Venedig? Ich bin froh, wenn mich meine Füße durch den Harz tragen!", wehrte der Schlosser ab, worauf die Fremden ihm feixend auf die Schulter klopften und meinten: „Sorge du dich nur um einen guten Schnaps aus Schierke, dann wollen wir dir zeigen, wie du ohne einen Schritt zu gehen in die Weite reist!"

Gesagt, getan. Der Schlosser hatte den Schnaps besorgt - ob es der Vorgänger des berühmten „Schierker Feuerstein" gewesen ist, weiß ich nicht zu sagen – tüchtig sprach man dem Getränk nun zu und war bald darauf matt und dämmernd in der Traumwelt versunken. – Wie der Schlosser aber aufwachte, bemerkte er fassungslos, dass er an einem großen Wasser saß, viel größer war es als alle Teiche des Harzes zusammengenommen. Vor jenem Meer lag eine große Stadt, deren Straßen voller Staub lagen und in der Mittagssonne flimmerten. So faszinierend dieses neue Bild auch des Schlossers Sinne liebkosten, es drängte ihn doch das Heimweh. Und weil die Sehnsucht nach den Harzer Bergen übermächtig war, machte er sich gleich auf den langen Heimweg, der drei ganze Jahre währen sollte.

Manche meinen, dass der Venediger am Mönchsstein unterm Brocken deshalb die drei Finger gen Himmel zeigt: Es sei eine Warnung für all jene, den Venedigern nicht in den Weg zu kommen. Drei Jahre könne deren Schadenszauber anhalten. Walenbücher, in denen der Mönchsstein erstmals 1518 als „Munch im Schuppenthal" erwähnt wurde, behaupten hingegen, dass es sich hierbei um eine geheime Wegmarkierung handelt. Erzsucher hätten ihre reichen Fundstellen auf jene Weise markiert. Man müsse nur im Licht des Vollmondes exakt drei Kilometer in die verwiesene Richtung gehen, dann stoße man auf Silber, Gold oder das seltene Manganoxid, das man vom Harz nachweislich nach Venedig brachte, um Glas zu schmelzen und zu färben.
(aufgeschrieben nach Pröhle)

28. Die Müllerin zu Schierke

Eine Witwe, die eine Mühle an der Bode bei Schierke besaß, bekam einst einen neuen Gehilfen. Der Knecht, der eben aus dem Dreißigjährigen Krieg in seine alte Heimat gekommen war, hatte sich in die junge Müllerin verliebt, die sein Werben jedoch energisch zurückwies. Jetzt erst bemerkte der Gehilfe, dass die Müllerin jeden Abend Besuch von einem Mann bekam. – Wie er dem Spiel der sich Liebenden vom Dachboden lauschte, gewahrte er zwei Katzen, die ihn seltsam beobachteten und auch nicht verschwinden wollten, als er ihnen etwas vor die Füße warf. Da nahm er kurzerhand sein Schwert vom Kriege, schlug um sich und hieb einer der Katzen die linke Vorderpfote ab.

Am anderen Morgen schreckte er hoch. Ein markerschütterndes Schreien im Haus. Er sprang auf, lief hin und sah, wie die linke Hand der Müllerin zwischen die Mühlräder geraten war. Nun hielt er seine Zeit für gekommen: Dem Schierker Rat gab er die Müllerin als Hexe an, zeigte als Beweis die abgeschlagene Katzenpfote vor und behauptet dazu, ihr Freier fliege jeden Abend aus dem Kamin hinaus zum Brocken. So ward die unschuldige Müllerin verbrannt und dem eifersüchtigen Knecht die Mühle zugesprochen.

(aufgeschrieben nach Oelsner)

29. Der Wurmberg – keltischer Tempel

*V*or Jahrhunderten ging bereits die Sage durch die Harzer Lande, Ungläubige sollen Abstand wahren vom alten Drachenberg, oder Lindwurm- oder Wurmberg. Ringsum würden Geister die Grenzen schützen und Markt halten, wie am Kapellenfleck. Gehst du des Nachts an diesen Ort, "huckt dir ein Geist auf", du leidest an schauerlichen Visionen, kaufst Teufelswerk, das dein Herz stocken lässt oder musst ruhelos rackern, bis dein Lebensfaden endet.

Den Gipfel des Wurmbergs besteigen von Osten her, über die uralte Hexentreppe (die es noch heute gibt), die Teufelsweiber zu ihrer heiligen Stätte. Dort tanzen sie sich - an den acht hohen Tagen - in Rage und Wollust und wecken den Drachen im Inneren ihrer Herzen.

Dann erst fliegen sie jauchzend weiter zum Brocken, um dort die Teufelsbuhlschaft zu zelebrieren.

Man sagt auch, ein heidnischer Tempel aus vorchristlichen Zeiten hätte einst mitten auf dem Wurmberg-Plateau gestanden. Bis heute sollen die Ruinen, trotz Zerstörung des Platzes durch frevelhafte Menschenhand, ihre Drachenenergie bewahrt haben. Ersteigst du auf der Hexentreppe achtsam den Berg, und ist einer jener heiligen Tage, so wirst auch sicher du die Kraft des Drachens in dir wecken können.

Die Hexentreppe am Wurmberg

(aufgeschrieben nach Pröhle)

64

30. Das Schloss der Achtermannshöhe

*a*uf der Achtermannshöhe sollte der Böse einst über Nacht ein Schloss errichten. Dafür wollte ein Mann ihm seine Seele verschreiben. Auf des Teufels Pfiff strömten tausend weiße Mäuse zusammen, die es tatsächlich fertig brachten, die Steine zu bewegen und zusammen zu bringen. Den Hahnenviechern in den weit abgelegenen Ortschaften stopfte der Teufel den Hals zu, dass das Federvieh dem Gehörnten bloß nicht wieder seinen Plan verderbe, wenn er krähen und den Tag verkünden würde.

Als der Mann, dem das Schloss gebaut werden sollte, die aberhundert weißen Mäuse sah, die auf dem Boden wie Ameisen umherwimmelten, bekam er einen solchen Schreck, dass er nach Hause lief und sein frommes Eheweib um Beistand bat. Die erkannte seine arge Not und ersann sich einen Plan, wie man dem Teufel beikommen könne. So hing sie sich den Wolfspelz über, schlich sich in den Hühnerstall und machte dort ein solches Spektakel, dass der Hahn erschrocken doch aus Leibeskräften schreien konnte. Der Teufel, der eben auf den Klippen das Schloss fast vollendet hatte und nur noch den Trittstein heranschleppen wollte, hörte das Kikeriki und ließ erschrocken den Stein zu Boden fallen. "Aua - verdammmich und in Drei-Teufels Namen!", schrie er, als der gewaltige Brocken auf seinen Pferdefuß schepperte. Da pfiff der Gehörnte vor unsagbarem Schmerz und die Mäuse waren ratlos, wie dieser Befehl zu deuten sei.

So trugen sie viele der zum Schlosse aufgehäuften Steine wieder beiseite und das Schloss wurde nicht zur besagten Stunde fertig. Wie froh war der Mann, seine Seele behalten zu dürfen und ein solch gescheites Frauenzimmer an seiner Seite zu haben.

Wenn man heute des Nachts am Achtermann unterwegs sein möchte, muss man mutig sein: Des Teufels Pfeifen hört man zuweilen noch immer und dann beginnt sich der Trittstein zu bewegen, da unter ihm die hundert weißen Mäuse zusammenströmen. Er liegt eine Viertelstunde von der Anhöhe entfernt. Würdest du dich trauen, diesen Stein zu berühren?

(aufgeschrieben nach Pröhle)

31. Der Wunschsumpf

Westlich hinterm Torfhaus liegt in der Nähe der Jungfernklippe der Wunschsumpf. Hier müsse man recht vorsichtig sein und achtgeben auf seine Wünsche, denn sie würden sich erfüllen. Nicht selten aber hat die Erfüllung der törichten Begierden des Wünschenden Seele gekostet.

Einmal kam ein junger Mann an diesen Ort, Fische zu fangen, doch als er sein Netz einwarf, zog er zuerst wertlos Gestein an Land, dann ein menschliches Skelett und zuletzt ein seltsames Wesen, halb Mensch, halb Fisch, ganz und gar aber weiblich. So wunderbar war dieses Wesen anzusehen, dass der Fischer sein Netz losließ und gerade bereit war, Hals über Kopf zu ihr in den Pfuhl zu steigen, als ihn seine Schwester, die mit am Teiche war, mit festem Griff zurückzog. Wie er taumelte und zu Boden stürzte, verwandelte sich das Wesen und war plötzlich ein alter Mann, der zur Schwester des Fischers sprach: „Errette mich. Ich erdolchte den Freier meiner Frau und verfluchte sie, hier ruhelos als herzloses Wesen umherzuirren. Auch sie verfluchte mich, im Teiche zu sitzen, bis ich einen Menschen gefunden hätte, der all die Geschmeide an sich nimmt, die der Freier meiner Frau einst schenkte. Hier, willst du sie?", fragte der Alte und zeigte dem Mädchen goldene Zierrat. Wie sie aber gerade zugreifen wollte und beinahe schon die Kette berührte, zog ihr Bruder ihre Hand zurück.

Da schmeichelte das Wesen, nicht Mensch, nicht Fisch, den beiden, versuchte sie zum Wünschen anzuregen, versprach auch einen reichen Fang und Fische in allen Farben, die sich im ganzen Harz teuer verkaufen ließen. Doch Bruder und Schwester ließen sich nicht zum Wünschen hinreißen und das war auch gut so, denn das Wesen war kein Geringerer als der Teufel selbst! (aufgeschrieben nach Blankenstein)

32. Sturz des Krodo

Karl der Große fluchte: Was nutzte es ihm, der mächtigste Heerführer mit dem größten Soldatenhaufen, den das 8.Jhd je gesehen hatte, zu sein, wenn Gott doch nicht zu ihm sprach? Wenn sich dieser gar im Wetter gegen ihn zu wenden schien und die sächsischen Heiden auf ihrem Burgberg triumphieren ließ?

Im Herbst waren die Franken zu Abertausenden vor die Harzburg geströmt, dem Kultweiheort des Krodo, um die dort ansässigen Menschen zu frommen Christendienern zu bekehren, gleich mit welchem Mittel.

Dieser Götzendienst sollte im Harz endlich sein Ende finden. Aber leichter gesagt als getan: Karl stand den Sachsen mit einer Übermacht von 6:1 gegenüber und kam doch nicht an die Mauern der alten Wallburg heran. Der Herbst blies Sturm, wehte die Wehrzelte Karls ins weite Land hinein, die Pferde scheuten vor der "wilden Jagd" und preschten von dannen und nicht einmal das Feuer blieb den Christen als Verbündeter.

Auch der zweite Versuch, den Heiden ans Fell zu gehen, scheiterte. Eine von Gott gesetzte Schonfrist für die Harzburger. Ja, das Jahresrad hatte sich weitergedreht, die Sonne verdunkelte sich und brachte winterlich bittere Kälte, kein Harz-erprobtes Tier wollte noch draußen sein, geschweige denn die von Wärme verwöhnten Franken - so musste der wahre Gott eben später ausgefochten werden.

Im Frühjahr war's aber ärger als je zuvor: Die Schneemassen schmolzen und eine Sündflut wälzte sich zu Tal, in dem Karls Heerhaufen abermals lag. Alles nicht Niet- und Nagelfeste schob sie leicht beiseite, spülte es von dannen. Die Heiden jubelten zu Krodo: Der dritte Sieg ohne Kampf. Ihre Gebete besiegten den neuen Gott wieder und wieder! Immer überheblicher werdend, ließen die Sachsen Krodos Statue nun auf dem Fische stehen, dem Symbol des Christenglaubens, und lachten vom Walle herunter auf die mit den Fluten Kämpfenden.

Dann aber kam der Sommer. Karls Heerhaufen sammelte sich erneut und wagte sich zur Harzburg heran, abwägend und sich ängstlich duckend, welche Katastrophe als nächste auf sie niedergehen würde. Doch nichts geschah. Krodo blieb stumm! Als die Vorwälle genommen waren, die letzten tapferen Sachsenmannen fielen, beschlossen die Frauen der Heiden, auch um ihrer Kinder willen, die Franken mit Blumen in den Händen zu begrüßen.

Der Plan ging auf: Die Franken, welche auf der Burg einen weiteren Angriff oder eine furchtgetränkte Flucht erwarteten, waren wie gelähmt beim Anblick der anmutigen Frauen, die mit Sträußen zur freudigen Begrüßung eilten. Welcher Kampf war hier zu führen? Wer sollte hier gewonnen haben?

Freilich: Das Götzenbild des Krodo (manche sagen, der Name wäre eine Verballhornung des "großen Wodo" also des Gottvaters Wotan) ließ man niederreißen und an eben jener Stelle eine Kirche bauen. Heute aber, steht die Kirche längst nicht mehr, doch Krodo blickt wie früher über die Wipfel unseres sagenhaften Harzes.

(neu aufgeschrieben nach Pröhle)

Krodofigur auf der Harzburg

33. Die schöne Ilse am Ilsestein

n einer Zeit, in der das Wünschen noch half, lebte im Harz ein reicher Berggeist, welcher eine liebreizende Tochter hatte. Mit ihrem wallenden, goldenen Haar war sie äußerlich so schön, wie sie im Herzen rein war. Kein Wunder also, dass ihr der mächtige Zauberer der Harzburg ans Röcklein wollte. Weil der aber nicht nur grausam, sondern auch als grausiger Liebhaber bekannt war, wehrte sich die Schöne nach besten Kräften „sich von seinen Heiratsgesuchen nicht finden zu lassen".

Wie der Zauberer nun aber ihren Vater aufsuchte, die Hand seiner Tochter einzufordern, von diesem jedoch freundlich doch bestimmt abgewiesen wurde, da kochte dem Magier das Blut in den Adern. Er tötete Ilses Vater und verbannte sie mitsamt allen Schätzen in den hochstehenden Felsen, den man fortan den Ilsestein nannte. In Vollmondnächten ist der Zauber gebrochen und sie kann für einige Stunden aus dem Felsengefängnis treten und im Flüsslein baden, das auch ihren Namen trägt.

Nur gutherzige Menschen können sie sehen und wurden von ihr beschenkt, wie der junge Sohn einer armen Köhlerin. Wie Ilse in sein leidendes Herz sah, nahm sie seinen Rucksack, füllte diesen in ihrer Höhle bis zum Rand, sagte ihm aber, dass er nicht hineinschauen dürfe, bis er nicht zuhause wäre. Wie er sich artig bedankte und loslief, spürte er aber mit jedem Schritt, dass die Last schwerer und schwerer wurde. Die Neugier hatte ihn gepackt und er sah ins Täschlein herein und fluchte. Da hatte ihm dieser nichtsnutzige, zugegeben sternenschöne Geist, sinnlosen Tand in den Rucksack gesteckt: Tannenzapfen und Eicheln. Wütend kippte er den Inhalt in die Ilse, um seltsam überrascht zu werden, denn kaum hatte der Inhalt den Boden berührt, war alles zu purem Gold verwandelt. Jeder Versuch, den Schatz aus den Fluten der Ilse zurück zu gewinnen, scheiterte, worauf der arme Junge viel ärmer als zuvor nach Hause ging.

Dean McKay von Sagenhafter Harz war in einer Vollmondnacht unterwegs, um für euch den Wahrheitsgehalt dieser Sage zu evaluieren und nach der schönen Ilse zu sehen. Er traf sie auch, worauf sie anbot, ihm von ihren Schätzen abzugeben, was er aber in den Wind schlug. Denn wie er ihr in die Augen sah, wollte er von der Schönen nur das Eine: Einen Kuss! Betört schloss er die Augen, spitzte seine Lippen und beugte sich zum Kuss nach vorn … als ihm plötzlich schmerzhaft ein Tannzapfen am Hinterkopf traf. Unsere Starfotografin Frohlein Wunderlich hatte ihn geworfen, nicht aus Eifersucht (denn die Ilse hätte sie gar nicht gesehen), wie sie später immer wieder beteuerte, sondern lediglich um ihren Mann wachzurütteln. Wie verzaubert, hätte er sich nämlich über den Abhang gebeugt, als versuche er, mit dem Mund den Wind einzufangen. Zum Glück wäre er vom Tannzapfen wach und zur Besinnung gekommen, sonst hätte sie die Kamera nach ihm werfen müssen. Zutiefst begrüßen wir ihr Engagement, ihren Mann zu retten, der nach dem Geschehen auch handzahm mit ihr nach Hause kam!

(aufgeschrieben von Carsten Kiehne)

34. Eine Frau braucht Geheimnisse

E inst gab es einen Bräutigam, dessen Braut und deren Mutter Hexen waren. Als nun die Walpurgisnacht kam, gingen die beiden Hexen auf den Heuboden, rieben sich mit einer Salbe ein und plötzlich waren sie verschwunden. Der Bräutigam, welcher ihnen nachspionierte, dachte es ihnen gleich zu tun. Er rieb sich also ebenfalls ein, worauf er schwupps auch auf dem Brocken stand und sah, wie Braut und Schwiegermutter mit dem Teufel tanzten. – Nachdem das Fest aus war, befahl der Teufel, dass eine jede Hexe, die den Teufelskuss bekommen habe, nun zurück nach Hause fliegen möge. In alle vier Winde begann ein Sausen und Brausen, bis der Bräutigam nun ganz allein auf dem Brocken an der Teufelskanzel stand und bitter fror. Er musste deshalb den langen Rückweg zu Fuß antreten.

Nach einer beschwerlichen Reise kam er ermattet im trauten Heim an, doch die Frauen schimpften mit ihm, dass er sich an ihrer Salbe zu schaffen gemacht hatte. Mutter und Tochter kamen überein, den Bräutigam in einen Esel zu verwünschen, was sie auch taten. Dann ward der arme Esel aus dem Haus getrieben und sollte niemals wiederkommen. Nach einiger Zeit aber bekam die Braut Mitleid mit ihrem Liebsten, der nun als Maultier traurig den Kopf hängen ließ und heimatlos vor der Hütte stand, und sprach zu ihm, dass er sich nur mit geweihtem Wasser besprengen lassen müsse, dann sei er wieder der Alte.

Als nun am nahen Kirchlein eine Taufe stattfand, trabte der Esel mitten in die Kirche, war störrisch und hat sich nicht heraustreiben lassen. Der Pfarrer geriet in solchen Zorn, dass er das Viech tüchtig mit Taufwasser bespritzte. Ihr könnt euch sicher vorstellen, wie verwundert die Kirchgemeinde war, als plötzlich der verschollen geglaubte Bräutigam vor ihnen auf dem Boden lag - alle hielten es für ein Wunder Gottes und der Bräutigam war klug genug, alle in diesem Glauben zu belassen und über die Wahrheit zu schweigen.

Er liebte seine Braut, ganz gleich, was sie war und als er versprach, ihr nie wieder nachzuspionieren und ihr ihre Geheimnisse zu lassen, hat sie ihm versichert, ihn niemals wieder zu einem Esel zu verwandeln. Sie hielten Hochzeit, was manchmal ja genügen soll, dass sich ein Mann Zeit seines restlichen Lebens als Esel fühlt!

(aufgeschrieben nach Pröhle)

35. Die Mystik des Fliegenpilzes

Ü brigens soll der Fliegenpilz seinen Namen daher haben, weil sich Fliegen daran vergiften, wenn sie von gesüßter Milch trinken, in der die Fliegenpilzhaut gekocht wurde. Das stimmt so aber nicht ganz, denn die Fliegen werden durch den Genuss der Substanz teils nur betäubt. Tot hauen muss man sie schon noch.

Ebenfalls fragwürdig ist die Erklärung, der Pilz besitze die Kraft, Menschen fliegen zu lassen. Jedoch sollen die Zauberweiber u.a. aus der abgekochten Fliegenpilzhaut eine Salbe hergestellt haben. Diese Creme wurde wohl benutzt, um in genitalen Bereichen verrieben zu werden. Dadurch kam es zu Vergiftungserscheinungen und schweren Halluzinationen. Man hatte eben den Eindruck, man wäre zum Brocken geflogen und hätte dort mit dem gehörnten Lüstling frivol herumgetobt. Am wahrscheinlichsten ist tatsächlich das "Toben" als Namensherkunft:

Im Mittelalter galten Fliegen als Symbol des Wahnsinns. Wer vom Fliegenpilz isst, ihn raucht oder auf anderen Wegen zu sich nimmt, bekommt plötzlich Halluzinationen. Toben, wüten, phantasieren, waren zu allen Zeiten Zeichen des Wahnsinns. Das erklärt auch eine weitere Bezeichnung des Fliegenpilzes: "Narrenschwamm". Dass der Fliegenpilz als Glückssymbol gilt, könnte an der berauschenden Wirkung liegen. Vielleicht aber nur am farbenfrohen Aussehen.

Unsere germanischen Vorfahren glaubten, Fliegenpilze würden überall dort wachsen, wo Schaum aus Sleipnirs Maul auf die Erde tropfte. Und Sleipnir - der Gleitende - war bekanntermaßen das Pferd Wotans, u.a. Gott der Ekstase. Da der Fliegenpilz die Aggressivität steigert, soll er die berüchtigten Wutausbrüche der Berserker verantwortet haben. Die Priester der Mayas rauchten ihn wohl, um göttliche Visionen zu bekommen. Im alten Indien trank man den Saft des Fliegenpilzes angeblich bei kultischen Handlungen. Schamanen vieler weiterer Völker sammelten den Pilz, um sich damit in Ekstase zu versetzen. Den sibirischen Völkern galt der Pilz als Fleisch Gottes. Wer ihn aß, verschmelze mit der spirituellen Welt. Dabei soll es egal sein, ob man den Pilz rauche, kaue oder trinke - die Wirkung sei dieselbe: Hochgefühl und Halluzinationen, Verschiebung im Bereichen der Raum- und Zeitvorstellungen, Sprache, Denken und der Emotionalität. Ein "spannendes Abenteuer" – Übelkeit, Schwindel und Schläfrigkeit sind dann noch eure geringsten Sorgen! (aufgeschrieben von Kiehne)

36. Der Name Zeterklippe

*V*or mehr als tausend Jahren, als es im Innern des Harzes noch keine menschlichen Wohnstätten und nur schmale Wildpfade gab, lebte am Fuß des Rennekenberges ein uralter Mann namens Wulferich. Nur sein blühendes Enkelkind, die blonde Gertelinde, teilte mit ihm die aus rohen Baumstämmen notdürftig zusammengefügte Hütte.

Vor vielen Jahren war er hierher geflohen, nur fort von den Menschen, und auch seine Enkelin hatte abgesehen von dem wortkargen Alten keines Menschen Angesicht gesehen. Dennoch fühlte sie sich glücklich und kein Wunsch trübte den Frieden ihres Herzens. Was kümmerte sie die weite Welt da draußen, jenseits der Wälder und der Berge und was kümmerten sie die Menschen, die dort lebten und sich gegenseitig das Leben verbitterten? Ihr Großvater hatte genug Geschichten am Feuer unterm Firmament erzählt, dass sie sich sicher war, nur hier hinzugehören. Ja, sie besaß alles, dessen sie bedurfte.

Doch dieses Frühjahr hielt für die Holde eine gehörige Überraschung bereit: Der Mai ging zu Ende und der Wald, in sein blütengesticktes Feierkleid gehüllt, bot so viel der Herrlichkeit und Freude, dass Gertelinde es in der engen Hütte niemals lange aushielt.

So saß sie auch diesen Abend an ihrem Born, im Schoße der Blumen und beobachtete die verglühenden Strahlen der Abendsonne, die Abschied nehmend die hochaufragenden Baumwipfel umkosten. Plötzlich knackte es im nahen Holze, wie wenn ein Tier durch das Dickicht bräche. Gertelinde schaute nach jener Richtung, doch blieb ruhig sitzen, denn kein Tier des Waldes wagte, ihr ein Leid anzutun. Doch aus dem Rahmen der Bäume trat kein Tier, sondern eine hochgewachsene Gestalt, wie die ihres Großvaters, die doch in ihrer jugendlichen Frische weder Falte noch Bart trug.

Gertelinde staunte, denn an die Menschen, die sie in ihren frühesten Kindheitstagen gesehen hatte, konnte sie sich kaum erinnern. Der Jüngling war über diese unerwartete Begegnung kaum weniger verwundert. In dieser Wald-einsamkeit glich es einem Wunder, einem menschlichen Wesen zu begegnen, noch dazu einem Mädchen voll Anmut und Liebreiz. „Wie kommst Du an diese Stelle, Jungfrau, und wie ist Dein Name?", begehrte er zu wissen. Ihr Herz klopfte stärker als jemals zuvor, und in ihren Wangen begann ein Glühen, als wäre sie stundenlang im Sonnenbrande umhergelaufen und endlich erwiderte sie stockend: „Ich heiße Gertelinde und komme alle Tage an diesen Born – er ist nahe an unserer Hütte und ...!" – „Und Sigwart nennt man mich. Und du wohnst in dieser unwirtlichen Einöde?" „Ja, natürlich!", antwortete sie frei heraus, worauf er lachte und von seinem Heim, einer nahen Burg, von seinem Gesinde und seiner Familie erzählte. Auch sprach er davon, dass er sich verlaufen habe und nicht mehr nach Hause finde.

„Wulferich, mein Großvater, wird dir zu helfen wissen, komm mit in unsere Hütte. Und wenn die Sonne morgen neu den Tag verzückt, geh zu den Deinen!", sagte sie voll von kindlichem Übermut, fasste ihn an der Hand und zog in mit sich. Als Gertelinde so leichtfüßig vor ihm hinschwebte, die hohe, kräftige schlanke Gestalt aufgerichtet, den Rücken von einer Flut goldener Haare überflossen, da wurde ihm ganz sonderbar zu Mute und mit einem Satze stand er an ihrer Seite und umschlang ihren Leib. „Gertelinde, du Holde, willst du mich lieben?", hauchte er ihr sanft ins Ohr. Zwar klang die Frage und das Wörtchen „lieben" fremd in ihren Ohren, doch ihr Herz gab ohne Zögern hell und klar die Antwort: „Ja!"

Als Wulferich sah, dass Gertelinde einen jungen Kerl aus dem Walde mitbrachte, grollte es in seinem Innern. Nur das Gastgebot hielt ihn davon ab, den Jüngling in den düsteren Wald zurück zu schicken. Gleich am anderen Morgen aber, ward ihm rigoros der Weg aus dem Walde gewiesen. Sigwart und Gertelinde vermochten nur einen kurzen, vertraulichen Moment zu verbringen: „Wann werde ich dich wiedersehen?", fragte er, worauf sie ihn mit der Antwort: „Täglich an unserem Born, wenn du nur willst!", aus den Augen, nie wieder aber aus ihrem Herzen entließ.

Zu jeder Mittagsstunde saß Gertelinde nun an der Quelle und wartete sehnsüchtig auf Sigwart, der auch beinahe täglich einige Stunden an ihrer Seite verlebte. Nie war der Wald so schön gewesen, fanden beide: Die gefiederten Sänger trillerten herrlicher, die Quelle rauschte lieblicher und

Gertelinde selbst hätte vom Morgen bis in die Nacht hinein mit den Vöglein um die Wette singen und jubeln mögen. So vergingen Monate, in denen sich die Liebenden alltäglich trafen, ohne zu ahnen, dass Wulferichs scharfer Blick den frischgetretenen Pfad, auf welchem der Jüngling zur Quelle zu eilen pflegte, längst entdeckt hatte.

Furchtbarer Zorn loderte in ihm auf und er schwor dem Jüngling den Tod. Eines Tages legte er sich auf die Lauer, als ein helles Lachen ihn auf die richtige Fährte brachte und im nächsten Augenblicke stand er, die Streitaxt drohend geschwungen, vorm sich liebenden Paare. „Fort!", rief Gertelinde in höchster Angst dem Geliebten zu, der sie im selben Moment aber packte, sich auf die Schulter warf, um mit ihr zu entfliehen. Zwar konnte Wulferich den leichtfüßigen Jüngling nicht einholen, blieb ihm aber dicht auf den Fersen, da er alle Pfade und Abkürzungen kannte. Keuchend, stürmte der Jüngling die öde Felsenwelt hinan, bis er mit einem Male auf einer weit vorspringenden, wild gezackten Klippe stand, die ihm weder nach rechts noch links einen Ausweg bot. Vor ihm der schauervolle Abgrund, hinter ihm der rasende Wulferich, dessen gellendes Wutgeschrei bis zu dieser Höhe drang. Angstschweiß perlte auf seiner Stirn, als er das Mädchen an dieser gefahrvollen Stelle zu Boden legte, um sich zum Kampf zu bereiten. Ein Gebet trat auf seine Lippen, als er Wulferichs glühende Augen vor sich erblickte, sich ihm entgegenstürzte, um die Jungfrau zu schützen. Wild hieben sie aufeinander ein und es schien, als ob Sigwart die Oberhand gewinnen könne, als die Feinde fest umschlungen vom Felsen in den gähnenden Abgrund stürzten.

Gertelindes Entsetzensschreie hallten in dieser Trümmerwelt zehnfach nach und als sie die Körper ihrer beiden liebsten Menschen am Boden zerschlagen sah, sprang sie den Verlorenen in purer Verzweiflung nach.

Seit dieser grässlichen Nacht aber tobt, stöhnt und klagt es an den Zeterklippen noch viel ärger als in jenen frühen Tagen. Wenn man des Nachts zu ihnen in die Höhe schaut, so sieht man nicht selten eine von wehenden Haaren umflossene Gestalt, die rufend und wehklagend sich gen Brocken richtet und die Götter anfleht, ihr ihre Liebsten zurück zu geben. Auch soll die arme Gertelinde nicht eher Ruhe finden, als bis ihr auf den Klippen ein anderer Jüngling entgegentritt, der das erlösende Wort zu sprechen weiß.
(aufgeschrieben nach Eynatten)

37. Was die Steinmänner verraten

S olche Steintürme findet man schon seit Jahrzehnten im Harz. Ursprünglich entstanden sind sie vor vielen hundert Jahren, als Wegzeichen der Venediger z.B., die einen Pfad oder eine besondere Stelle markierten. "Steinmännchen" haben zudem in verschiedenen Religionen und Kulturen Symbolcharakter: Einerseits sollen sie vor Trollen, Gnomen und anderen Waldgeistern schützen. Orte, an denen die hunzligen Wichtel wohnen, werden mit solchen Türmchen gekennzeichnet. Wie erfährt man, dass man auf einer solchen Wichtelwohnung steht?

Nun, wenn du aus unerfindlichen Gründen stolperst, der Wanderrucksack plötzlich zerreißt oder du beim Picknick verwundert feststellst, dass dein ganzer Reiseproviant schon „weggefressen" ist. Dann haben sicher zwei, drei Wichtel deine Vorräte geplündert. Baue schnell ein Türmchen oder

83

lege ein Steinchen auf einen der bestehenden Steinmänner, so bleibst du von allem Unglück unbehelligt.

Oft zeigen diese Steintürme aber auch die Verbundenheit mit einem Ort. Ist es viel zu schön an einem Platz im Harz, um gleich wieder weiter zu ziehen, kann ich ein Türmchen bauen. "Ich war hier - doch auch, wenn ich weiterzog, verweilt ein Teil meines Herzens an diesem sagenhaften Platz". Das Bauen an sich wird dann oft selbst zu einer wunderbaren Meditation, in der sich sogar "Erwachsene" im kindlichen Spiel verlieren und glückselig werden können. – In Südamerika zum Beispiel kennzeichnen solche Steintürme besonders heilige Orte. Mittlerweile gibt es auch Stellen im Harz, wie hier vorm Urwaldstieg am Brocken, an dem ganze Steinmännchenfelder entstanden. Wenn diese Orte vielleicht auch keine hochheiligen, vorchristlichen Kultplätze darstellen, so wird ein Platz durch eben diese hundert Türmchen doch irgendwie geheiligt - ein atemberaubendes Bild! (aufgeschrieben von Carsten Kiehne)

38. Bodo & Emma

*J*m Palast des Brockens, König der Harzberge, wohnte ein jungvermähltes Paar: Junker Bodo und seine liebliche Maid Emma. Das Glück war ihnen hold und nimmer meinten sie, dass irgendetwas imstande wäre, ihr Licht zu verdunkeln. Doch böse Neider säten Zwiespalt zwischen ihnen, worauf Emma - im Zorne leidenschaftlich, wie es junge Frauen oft sind - das

Bergschloss nun verließ und nach Norden wanderte. Junker Bodo sah nun auch keinen Sinn mehr darin, im Schloss zu verweilen, denn ohne die Geliebte wirkte jeder kostbar eingerichtete Raum öde und freudlos. Zu stolz, seiner trotzigen Emma zu folgen, schlug er nun den Weg nach Süden ein.

Zum Anfang war Emma noch lustig zumute. Munter hüpfte sie von Fels zu Fels. Doch als sie bei Wernigerode die Berge hinter sich ließ, verebbte ihr Trotz. „Ach, hätt' ich nicht so voreilig gehandelt. Mein Liebster, hörst du meine Stimme in deinem Herzen, fühlst du mein Sehnen? Ach, wären wir doch wieder vereint!" Langsam, fast traurig, wandelte sie durch die Flure, einer ungewissen Zukunft entgegen, sich aber stetig umwendend, ob Bodo ihr nicht doch noch folgen würde.

Der aber lief trotzig die entgegengesetzten Felsen hinunter, eilte mürrisch durch die Wälder und stritt mit allem, was ihm in den Weg kam. Doch plötzlich hielt er inne, gemächlicher wanderte er weiter, nahm er doch in sich ein Rufen wahr und das Herz ging ihm auf und die Liebe zu Emma erwachte erneut. Das nächste Tal schlug er nach Osten und dann nach Norden ein, in der Hoffnung, er könne sie noch einholen. Und richtig: Nahe Gröningen erblickte er seine Liebste und sie auch ihn und fast schüchtern schlichen sie aufeinander zu. Als sie aber im Angesicht des anderen den Wunsch auf Versöhnung lesen konnten, stürzten sie einander in die Arme und gelobten, keinen Schritt im Leben mehr alleine zu tun.

Wer Bodo und Emma sind, erfahrt ihr aus der Landkarte des Harzes. Gemeint sind die Gebirgsbäche Bode und Holtemme, die sich bei Gröningen vereinigen. (aufgeschrieben nach Schrader)

39. Das Geheimnis der blauen Beeren

*E*in Hirtenjunge, der in einer lauen Sommernacht beschlossen hatte, mit seinen Tieren im Wald zu bleiben, war einst einer Hexe begegnet. Die machte sich nichts daraus, Menschen zu töten, vielmehr Freude fand sie daran, ihnen zu nehmen, was sie liebten. Jener Bub liebte es, seinen Tieren beim Grasen zuzusehen und dem wogenden Tanz von Wind, Baumwipfeln und den Wolken droben am Himmel. Er meinte sogar, am Bodesprung einmal eine Nixe erspäht zu haben und ergötzte sich am Anblick. Weil er das „Sehen" so liebte, nahm die Hexe den Saum ihres Kleides, spuckte Gift und Galle drauf und wischte damit über seine Augen. - Wie seltsam war ihm da zumute? Zuerst sah er keine Farben mehr, dann alles verschleiert, nur noch Umrisse und dann, dann war und blieb alles dunkel. Lachend ging die Hexe ihres Weges und wünschte dem Jungen einen guten Sturz von den Klippen.

Verzweifelt setzte er sich nieder und weinte aus toten Augen. Doch was fühlten seine Finger am moosigen Waldboden? Ja, das waren Blaubeeren. Wie er eine kleine Beere nach der anderen aß, geschah ein Wunder: Der Zauber der Hexe ließ nach, mit jeder Beere konnte er besser sehen, besser sogar als jemals zuvor. Er sah weit wie ein Adler und trotz der dunklen Nacht gut wie ein Luchs.

Später hat er die Hexe in Schierke wiedergesehen und anzeigen können. Das Blaubeeren die Nachtsicht verbessern, weiß man bis heute. (aufgeschrieben von Kiehne)

40. Waldmeister

Ein anderes wunderbares Hexenkraut ist der Waldmeister. Ein schüchterner Schäferbub bekam ihn einst von einer Hexe (oder Kräuterfrau, wie wir sie heute nennen würden) am Torfhausmoor empfohlen, damit er sich traut, seine Liebste anzusprechen. „Höre zu Jüngling", sagte sie, „Nimm drei Hände des Waldmeisters und trockne es drei Tage lang; und suche es täglich dreimal auf und besprich es mit deinem Herzensdrang. Getrocknet tu es drei Stunden dann einer Karaffe mit Weißwein an. Dann fisch das Kraut raus und lad deine Liebste zum Trank und zum Schmaus; und wird dein Geist rüstig, die Leiber bald lustig, dann zieh' sie aus!" (aufgeschrieben nach Brunner)

41. Tage der Hexe

*a*n Tagen, an denen es Waldgeistern, Zwergen und Hexen möglich ist, uns Menschen heimzusuchen, gelingt es der Alten unterm Dreibrodestein bei Sankt Andreasberg, ihrem Verlies zu entfliehen. Dann welkt das Gras um den Stein herum, alles Moos wird braun und eine unheimliche Welle aus Nebeln fließt ins Tal hinunter. Wenn es dann so still im Dreibrodetal wird, dass man den eigenen Herzschlag vernimmt und so kalt, dass sich die Nackenhaare aufrichten, dann macht der Spukgeist wieder die Gegend unsicher.

Ein Holzhauer hatte einst sein Tagwerk geschafft, ging am Fischbach entlang nach Hause, als er in der Nähe der Clausthaler Straße einer Frau in alter Tracht begegnete. Zuerst glaubte er, eine Beerensucherin vor sich zu haben, doch die Alte benahm sich sonderlich. Sie lief mal hin, mal zurück, ohne Ziel und ohne Verstand, wie es ihm schien. Einen Besen hatte das Weib in der Hand, eine große Kiepe trug es auf dem Rücken. Kopfschüttelnd ging er in einigem Abstand weiter und beschloss, nichts weiter drauf zu geben.

Als er jedoch am nächsten und übernächsten Abend die Alte wiedersah und dasselbe seltsame Schauspiel beobachtete, fasste er sich ein Herz und ging auf die Frau zu. Da sah er vor sich eine alte Hexe, grinsend flog sie auf ihn zu und fauchte ihn an. Vor Schreck konnte sich der Holzhauer nicht mehr rühren. Immer näher kam die Alte. Ihr fauliger Atem stand ihm schon in der Nase. Näher und näher, als wolle sie ihn küssen und er ahnte, dieser Kuss würde alles Leben aus ihm ziehen, ... als er wie aus einer anderen Zeit und 1000 Kilometer Entfernung ein schrilles Pfeifen vernahm. Als er endlich wieder zu sich kam, glaubte er einen bösen Traum gehabt zu haben. Die Alte war verschwunden und fünf seiner Kameraden standen um ihn herum. Ein Schauer überfiel ihn, als er nun hören musste, die Freunde hätten die Alte auch gesehen und wie sie über ihm kauerte. Als das Weib der Mannschaft gewahr wurde, fauchte sie und ließ drohend ihre spitzen Zähne aufblitzen. Das Tröten mit diesem Waldhorn hier hätte sie verjagt. Im Nebel sei sie plötzlich gen Dreibrodestein verschwunden.

Noch heute steht manchmal in den Abendstunden um Walpurgis ein unheimlicher Nebel am Fischbach und der Clausthaler Straße. Ich erinnere mich noch, dass die Alten uns rieten, bloß nicht in die Nähe des Nebels zu gehen.
(Einheimischen abgelauscht & aufgeschrieben von Kiehne)

42. Der silberne Krug

Einst stieg der Bergmann Fricke aus Zellerfeld mit seinen Töchtern zum Brocken hinauf, um Kronsbeeren zu sammeln. Hiermit musste er sich etwas zum kargen Hauerlohn dazu verdienen, damit seine Familie durch den nächsten, sicher bitterkalten Winter kam. Fürwahr ein müßiges und zeitspieliges Unterfangen, doch kannte er reiche Gründe, an denen die kostbaren Waldfrüchte stehen, von denen es heißt, ihr Genuss würde so manches Leiden heilen und ganz nebenbei geistvoll machen. – Bald waren die Körbchen gefüllt, doch die Nacht brach herein, und mit ihr breitete sich ein gespenstischer Nebel aus. „Wir werden hier ein Nachtlager richten, sammelt Holz, aber eilt und lauft nicht zu weit weg, denn gleich können wir keine zehn Meter mehr sehen." Tatsächlich, der Nebel wurde dichter und dichter, schluckte alle Geräusche und nichts außer dem geheimnisvollen Säuseln des Windes und dem wohligen Knistern des kleinen Feuers drang an ihre Ohren.

Wie sich die Töchter niederlegten und auch gleich einschliefen, der Vater hingegen noch ein Weilchen allein in der Glut herumstocherte, sah er plötzlich vor sich ein Licht aufflammen. „He, wer da?", rief er in die Nacht, denn obschon er alle Geschichten vom Blocksberg kannte, hatte er ein unerschrockenes Herz. Jetzt kamen drei Männer aus dem Nebel geschritten, sahen fremdländisch aus, aber nicht unfreundlich, worauf der Bergmann ihnen einen Platz am

Feuer für die Nacht anbot. Aus dem Augenwinkel sah Fricke die dunkel gekleideten Gesellen an, hatte auch ihre prall gefüllten Säcke bemerkt und spürte, dass es den Männern reichlich Unbehagen bereitete, von ihm aufgespürt worden zu sein. Natürlich, wer sich mitten in der Nacht auf dem Brocken herumtreibt, hat sich entweder verlaufen oder etwas zu verbergen. „Habt ihr euch verirrt?", fragte er in die Runde, worauf der Älteste von ihnen mit einem knappen „Nein!" antwortete. „Hier die Herren!", sagte Fricke lächelnd und gab jedem der Männer ein Schälchen mit frisch über dem Feuer zubereiteten Kronsbeerenkompott, „Viel ist es nicht für jeden, aber herrlich süß, mit Zellerfelder Wein verdünnt!"

Nur skeptisch ergriffen die Fremden die dargebotenen Schälchen, doch niemand von ihnen wagte den ersten Bissen. Erst als sich der Bergmann aus dem gleichen Töpfchen auftat und ihnen glücklich etwas vorschmatzte, führten sie die Schalen gleich an den Mund und schlürften sie begierig aus. „Eine Wohltat, nicht?", fragte Fricke lächelnd. „Hab Dank, Bergmann!", sagte da der Alte, „Dank für den Platz am Feuer und die gute Speise, die du mit uns teiltest. Versprich bitte bei deinem Leben, dass du niemandem von uns erzählst, so soll es euer Schaden nicht sein!" – Oh, Fricke hatte arg zu kämpfen, seine Neugier zu unterdrücken nachzufragen, doch, das fühlte er genau, wäre sein Verhängnis gewesen. „Ich schwöre's euch, bei allem, was mir lieb und teuer ist, dass ich stets sagen werde: Außer meinen Töchtern bin ich am Brocken keiner Menschenseele begegnet!"

Damit standen die zwei jüngeren Männer auf, zogen die Gugel vors Gesicht, huckten sich die schweren Säcke auf den Rücken und verschwanden im Nebel. Der Alte lächelte freundlich, nahm seine Laterne, grüßte mit „Glück auf!" und war nach einigen Schritten ebenso von der Dunkelheit verschluckt.

Viele Jahre später, der Bergmann war gerade verstorben, klopfte es bei seinen Töchtern in Zellerfeld an die Türe. Ein fremdländischer Mann stand draußen, ließ sich nicht lange Bitten und erinnerte die beiden gleich an jene längst verstrichene Nacht auf dem Brocken und fragte, ob der Vater nicht erzählt hätte, dass er dort drei fremden Männern begegnet sei. Die Schwestern sahen sich fragend an, doch keine von ihnen wusste von dieser Geschichte. Da lächelte der Venediger, hatte der Bergmann tatsächlich all die Jahre Wort gehalten. „Als Lohn für dich, Mädchen, dieser silberne Krug. Und für dich, alles was darin ist!", sagte der Fremde, verabschiedete sich mit dem Bergmannsgruß und ließ die beiden Verwunderten alleine zurück. Der silberne Krug war voller silberner Gulden. Von nun an mussten die beiden nur noch zum Spaß zum Kronsbeerensammeln auf den Brocken.

(aufgeschrieben nach Pröhle)

Die Walpurgisnacht am Brocken, Postkartenmotiv um 1900

43. Die Walpurgisnacht

*E*in Nebel verdichtet die Nacht. Höre, wie's durch die Wälder kracht! Aufgescheucht fliegen die Eulen. Hör, es splittern die Säulen ewig grüner Paläste."

Und ganz gleich, wie feste man im Glauben steht, freiwillig geht kein Frommer vor die Tür. An den Toren prangen drei Kreuze zum Schutze vor dem Bösen. Dost und Baldrian hängen im Gebälk, verhüten, dass die Hexenbrut hier landet. Und alles lauscht gebannt in die Nacht:

"Hörst du Stimmen in der Höhe? In der Ferne, in der Nähe? Ja, den ganzen Berg entlang strömt ein wütender Zaubergesang!"

Während in den Tälern allen Kirchengängern angst und bange ward, ritten die tollen Weiber auf den Höhen gen Blocksberg, auf Besen und Böcken und schrien und kreischten zum Stelldichein mit dem Höllenfürsten. Welches Zauberweib würde es diesmal sein, die sich dem Urian ergibt und im Hexenkreis von ihm im wilden Ritt genommen wird?

"Die Hexen zu dem Brocken ziehn, die Stoppel ist gelb, die Saat ist grün. Dort sammelt sich der große Hauf, Herr Urian sitzt oben auf. So geht es über Stein und Stock, Es farzt die Hexe, es stinkt der Bock."

Und, wenn die Hexen an der Teufelskanzel hocken, mit nackten Leibern den Teufel locken, dann kommt er aus den Nebeln hervor und lässt sich von allen berichten: "Was ward das Schlimmste, das ihr vollführt?" Die Tollste wird dann von Urian verführt, im Kreise der Hexen am Brocken.

(aufgeschrieben nach Goethes "Walpurgisnacht")

Hexenaltar & Teufelskanzel am Brocken

44. Hexensabbat auf dem Brocken

Ein Mann war einst aus seiner Heimat Wernigerode geflohen und suchte als preußischer Soldat Obdach, weil eine Hexe ihn suchte und töten wollte. Wie's dazu kam, erzählte er einem ungläubigen Kameraden:

„Ich war am Blocksberg zu Hause, hütete mit einem Freund am ersten Mai die Schafe und wir fragten uns, wie viele Hexen es wohl in Wernigerode geben würde. Wir beschlossen, das herauszufinden, legten einen Kreis von Drachenschwanz, auch Hörnkenkraut genannt, um uns her und warteten auf die Nacht. Um elf kamen die Hexen auf Besen, Heugabeln und anderen Geräten herangeflogen. Zuletzt preschte unsere Nachbarin auf ihrem Kutschbock heran, der von keinem Gespann gezogen ward und wir riefen ihr zu: „Nawersche, nehmt uns doch mit!" Tatsächlich ließ sie uns aufsteigen, fuhr wie der Blitz davon und setzte uns am Blocksberg ab. Rasch legten wir den Kreis aus unseren Kräutern und konnten nun in Sicherheit das Teufelsfest beschauen. Da tanzten um die riesigen Feuer tausend Gäste und soffen ihre Waldmeisterbowle, wie die Nawersche sagte. Eine Musik ward da gespielt, sag ich dir, die so betörend klang, als ob die Engel sängen. Und so schön waren die Damen, die uns verlockten, aus dem schützenden Kräuterkreis heraus zu kommen, dass wir uns gegenseitig die Augen zuhielten. Der Leibhaftige ordnete die Tänze, sang und tanzte mit und wir konnten nicht anders, als unsere Schalmei vorzuziehen und mit zu musizieren.

Da kam der Teufel auf uns zu, gab uns bessere Instrumente, auf denen wir die ganze Nacht zum Tanze spielten. Stille sollten wir nur sein, als die ganze Schar zum Hexenwaschbecken trat, sich mit Blut zu weihen und dem Teufel den Treuekuss zu geben. Was dann geschah, traue ich mich gar nicht laut zu sagen …, bis sich der Spuk Punkt zwölf im Nebel auflöste. Nur Urian stand noch an seinem Altar, kam auf uns zu und fragte, was wir fürs Aufspielen haben wollten. Wir sagten ihm, dass wir seine Schalmeien gerne behalten wollten, was er gestattete.

Am andern Morgen aber sahen wir, dass die Instrumente Katzen waren, die Mundstücke waren deren Schwänze, die wir ganz abgenagt hatten. Ich traute mich nicht mehr nach Hause und kam hierher. Meinen Bruder tötete die Hexe, weil er nach Wernigerode zurückkehrte." (aufgeschrieben nach Grässe)

45. Das Brockengespenst

Selbst Goethe, der als erster Tourist am 10. Dezember 1777 den Brocken bestieg, soll sich an diesem nebligen Morgen vor seinem eigenen Schatten erschrocken und diesem Phänomen den Namen „Brockengespenst" gegeben haben.

Wie kommt es zu dieser sagenhaften Naturerscheinung?

„Wenn auf dem Brocken der Schatten des Beobachters auf eine Nebel- oder Wolkenschicht fällt, wird der Schatten nicht durch eine feste Fläche abgebildet, sondern durch jeden Wassertropfen des Dunstes einzeln. Dadurch kann das Gehirn den Schatten nicht stereoskopisch sehen und überschätzt die Größe deutlich. Durch Luftbewegungen bewegt sich der Schatten, selbst wenn der Beobachter stillsteht. Dieses scheinbar eigene Wesen kann zudem schweben, ohne sichtbaren Kontakt zum Boden zu haben. Die anderen physikalischen Bedingungen auf dem Berg, kühle und feuchte Luft, Stille, sowie die fehlende Orientierung durch mangelnden Weitblick und fehlende Nachbarberge, verstärken den subjektiven Eindruck der scheinbaren Existenz eines Gespenstes." (Johann E. Silberschlag, 1780)

Häufig tritt dieser "Gespensterschatten" mit einem weiteren optischen Effekt auf, Glorie genannt. Das ist ein farbiger Lichtkranz, der sich um den eigenen Schatten legt.

97

Und was ist die Moral von der Geschicht'?
Willst du einen Heiligenschein
steig' auf den Brocken im Morgenlicht.
Einfacher als durchs faule Rumstehen,
bekommst du den Lichtkranz wahrscheinlich nicht!

(aufgeschrieben von Kiehne)

Postkarte vom Brockengespenst am Brocken

Der zerbrochene Berg

*D*er Brocken liegt eingehüllt in Dunkelheit, in Donner und Blitze vor meinen Augen. Natürlich, es ist Donnerstag – jener Tag, der dem germanischen Gott Thor oder Donar geweiht ist. Auf seinem Ziegengespann fährt Donar heran, rollend, polternd, ohrenbetäubend, und erinnert mich an eine alte Legende, die sich hier auf dem Blocksberg zugetragen haben soll:

Einst lebten auf dem Brocken in einem finsteren Schloss noch die furchtbaren Riesen, gewaltig an Kraft, doch winzig an Hirn. Thrym, ihr König, hatte dem Gott Thor, während dieser schlief, den Hammer gestohlen. Als Thor aufwachte, erschrak er und tobte dann sehr, denn was war er ohne Mjöllnir, den Zermalmer?

Thor suchte zu verhandeln, um seine stärkste Waffe wieder zu bekommen, doch Thrym wollte ihn demütigen, forderte die Göttin Freya zur Frau, was Asgard niemals zulassen würde.

Doch Loki, der Gewitzte, der Gestaltwandler, hatte einen Plan: "Ich verwandle dich in Freya und du sagst Thrym, es wäre Brauch der Götter, dass die Braut bei der Zeremonie den Hammer im Schoße hätte. Und wenn du ihn packen kannst, dann ...!"

So reisen Thor, in Gestalt von Freya, und Loki, in Gestalt einer Magd, zum Brocken, wobei sich der Gewittergott beinahe dreimal verraten hätte: Zum einen donnerte es furchtbar, als die "Braut" den Festsaal betrat; dann schaute sie stechend, als Thrym ihr einen Brautkuss zu geben versuchte; und zuletzt, da fraß Freya mehr, als alle Riesen zusammen. Doch Loki wusste den König der Riesen stets zu besänftigen. Als das Fest zum Höhepunkt kam, ließ Thrym den Hammer holen und in den Schoß seiner vermeintlichen Frau legen.

Da war Thor wieder er selbst, schwang den Zermalmer, zerschmetterte die Riesen und deren Feste und ließ keinen Stein auf dem anderen, worauf man den Berg der Riesen von nun an, den zerbrochenen Berg, den "Brocken", nannte.

„Þá qvað þat Þrymr, þursa dróttinn:"Berið inn hamar, brúði at vígia, leggit Miollni í meyiar kné, vígit ocr saman Várar hendi!" Hló Hlórriða hugr í briósti, er harðhugaðr hamar um þecþi; Þrym drap hann fyrstan, þursa dróttin, oc ætt iotuns alla lamði.“

„Da sagte Thrym, der Thursen König: Bringt den Hammer, die Braut zu weihen! Leget Mjöllnir der Maid in den Schoß! Mit der Hand der War weiht uns zusammen! Das Herz im Leib lachte da Thor, als der hartgemute den Hammer sah: erst traf er Thrym, der Thursen König; der Riesen Geschlecht erschlug er ganz." – Þrymskviða, Strophe 30, 31.

(aufgeschrieben von Carsten Kiehne)

Die Brockenbesteigung

Nicht zuletzt wegen dieses Mythos gehört die Brocken-besteigung fast obligatorisch zu jedem Harzbesuch dazu. Das Team der Interessensinitiative „Sagenhafter Harz" und ich als Sagenerzähler wünschen Ihnen, dass Ihr Brockenbesuch von größerer Weitsicht und erhabeneren Momenten geprägt sei als das, was Heinrich Heine auf dem 1041 m hohen Gipfel erlebte:

Viele Steine - Müde Beine - Aussicht keine

(Heinrich Heine)

Noch viele sagenhafte Momente im Harz! Ihr

101

Literaturverzeichnis

Blankenstein: Sagen und Märchen des Harzgebirges. Verlag von Otto Zechel. Thale 1896

Cramm, Walter: Sagenwelt des Harzes. Verlag Giebel & Oehlschlägel. Osterode am Harz 1958, 4. Aufl.

Ey, August: Harzmärchenbuch. Verlag von Fr. Steudel. Stade 1862

Förstner, Clara: Aus der Sagen- und Märchenwelt des Harzes. Oberharz. Verlag von Hermann Schwanecke; Quedlinburg

Gebrüder Grimm: Deutsche Sagen. München und Leipzig, 1816

Grässe, J.G.T.: Sagenbuch des Preußischen Staats, Glogau 1886

Henniger, K.; Harten: Harz-Sagen. August Lax Verlagsbuchhandlung, Hildesheim 1962

Kiehne, Carsten: Die bekanntesten Sagen aus dem Ostharz & ihre geheime Bedeutung. Selbstverlag - BoD Hamburg 2017

Leibrock, G. A.: Sagen des Harzes. Vieweg. Quedlinburg 5. Aufl.

Oelsner, Manfred: Der silberne Mann. 100 Sagen aus dem Ostharz. Verlag Jüttners Buchhandlung, Wernigerode 1992

Pröhle, Heinrich: Sagen des Unter-Harzes. Wernigerode, Stolberg, Rosstrappe. Verlag Rockstuhl, Leipzig 1859

Rockstuhl, Harald: Brocken-Sagenbuch. Mit den Walpurgissagen. Verlag Rockstuhl. Bad Langensalza 2010

Traxler, Hans: Die Wahrheit über Hänsel und Gretel. Rowohlt Reinbek bei Hamburg 1992

Will, Jürgen: Sagen der Grafschaft Wernigerode. Bussert & Stadeler. Quedlinburg 2014, 2. Aufl.

Die Bilder der Seiten 10, 22, 27, 35, 42, 44, 52, 58, 75, 81, 93, 96, 98 sind Postkartenmotive aus eigenem Archiv.

Dank den Helfern & Sponsoren

Lebensreich Raumgestaltung

Dr. Peter Horst Axmann

Frauke Liebenehm, Märchenerzählerin

GABI HANISCH

Wander- & Pilgerherberge im Grünen, Bad Suderode

Sanitätshaus Heidemann, Bad Suderode

Ferienwohnung Fietkau

Andrea Liebig

Birgit Bamberg

jelly grafix

Stefan Herfurth Photographie

REIKI IM HARZ

Sina Wiedfeldt, Reiki-Zentrum Kiel

Maike Wurm

Kältedienst Ostharz, Bad Suderode

Brunhilde Kohls, Stempeljägerin der Harzer Wandernadel

Alles Gute Mike Gehrke! Deine Simone

FAMILIE POLNEY

Alexander Otto & Sandra Groepke

HEXENSHOP
TEA
Teespezialitäten & Teezubehör
Hanfartikel – Hanftee – Raucherhanf
Esoterikartikel & Ritualzubehör
Mittelalterbedarf
www.der-hexenshop.de
06485 Gernrode / Harz
Osteralle 67
Tel.: 01634714185

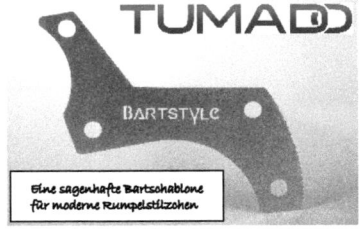

TUMADD
BARTSTYLE
Eine sagenhafte Bartschablone
für moderne Rumpelstilzchen

Sagenhafter Harz

Sagen-Bücher – Workshops – sagenhafte Wanderungen

(Ganz einfach ein Event buchen: carsten.kiehne@gmx.net – 0160/99557252)

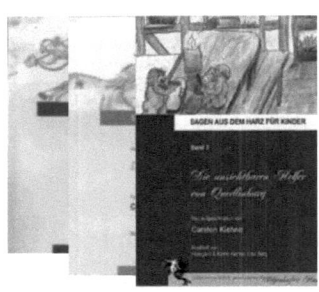

Sagen für Kinder

Grundschulgerechte Darstellung der Sagen mit Leseaufgaben, Rätseln, Ausmalbildern, Spielen für unterwegs, Kreativangeboten u.v.m.

Band 1: Die Sage der Rosstrappe (6,90 €)

Band 2: Die Sage vom Hexentanzplatz (7,90 €)

Band 3: Die unsichtbaren Helfer von Quedlinburg (9,50 €)

Beiträge zur Heimatkunde

Sagensammlungen einer lokalen Region
(je 13,90 €)

1. Der Schlüssel- & Klöppelkrieg (2012)

2. Sagen & Märchen um … Bad Suderode (2013)

3. Sagen & Mythen um … Thale (2014)

4. Die schönsten Sagen aus … Quedlinburg (2015)

5. Alte & neue Anekdoten aus Bad Suderode (2016)

6. Die schönsten Sagen aus … Halberstadt (2017)

Diverse Sagensammlungen

Die bekanntesten Sagen aus dem Ostharz (13,90 €)

Sagenhafter Südwestharz (Sutton, 20,00 €)